国宝记忆

翁淮南　主编

中国大百科全书出版社

图书在版编目（CIP）数据

国宝记忆 / 翁淮南主编 . -- 北京 : 中国大百科全
书出版社，2025. 1. -- ISBN 978-7-5202-1767-5

Ⅰ. K87-49

中国国家版本馆 CIP 数据核字第 202567Z6F7 号

出 版 人：刘祚臣
责任编辑：刘敬微
责任校对：黄佳辉
责任印制：李宝丰
出　　版：中国大百科全书出版社
地　　址：北京市西城区阜成门北大街 17 号
网　　址：http://www.ecph.com.cn
电　　话：010-88390718
图文制作：精　呈
印　　刷：唐山富达印务有限公司
字　　数：100 千字
印　　张：8
开　　本：710 毫米 ×1000 毫米　1/16
版　　次：2025 年 1 月第 1 版
印　　次：2025 年 1 月第 1 次印刷
书　　号：978-7-5202-1767-5
定　　价：48.00 元

编 委 会

主　编：翁淮南

统　筹：杨　超

委　员：梁　黎　张志华　杨　超　王立峰　俞　灵　李珂珂

　　　　司　卫　胡梅娟　罗蓁蓁　黑梦岩　杨　玥　李竞辉

　　　　钟超超　胡安娜　吉嘉洁　武闻达　钱明苏　王立伟

　　　　石鸿波　柴晨鸣　翁乐君　丁贵梓　朱香一　余定泽

目　录

跨湖桥陶釜：
中国最早的草药罐

在位于浙江省杭州市萧山区的跨湖桥遗址博物馆展厅里，展出着一件目前已知中国最早的草药罐。距今 8000 ～ 7000 年的跨湖桥先民在草药罐里装些什么药？远古时期的人们有着哪些医疗手段？

⊙ 8000 年前的草药罐

2001 年 7 月，考古人员在浙江省杭州市萧山区跨湖桥遗址发现了一件被丢弃于泥土中且稍有残缺的绳纹小陶釜。釜是一种炊具，通常与支座配合使用，用于煮食烹饪食物。历史上曾有不少关于釜的典故，如"豆在釜中泣""破釜沉舟""釜底抽薪"等。

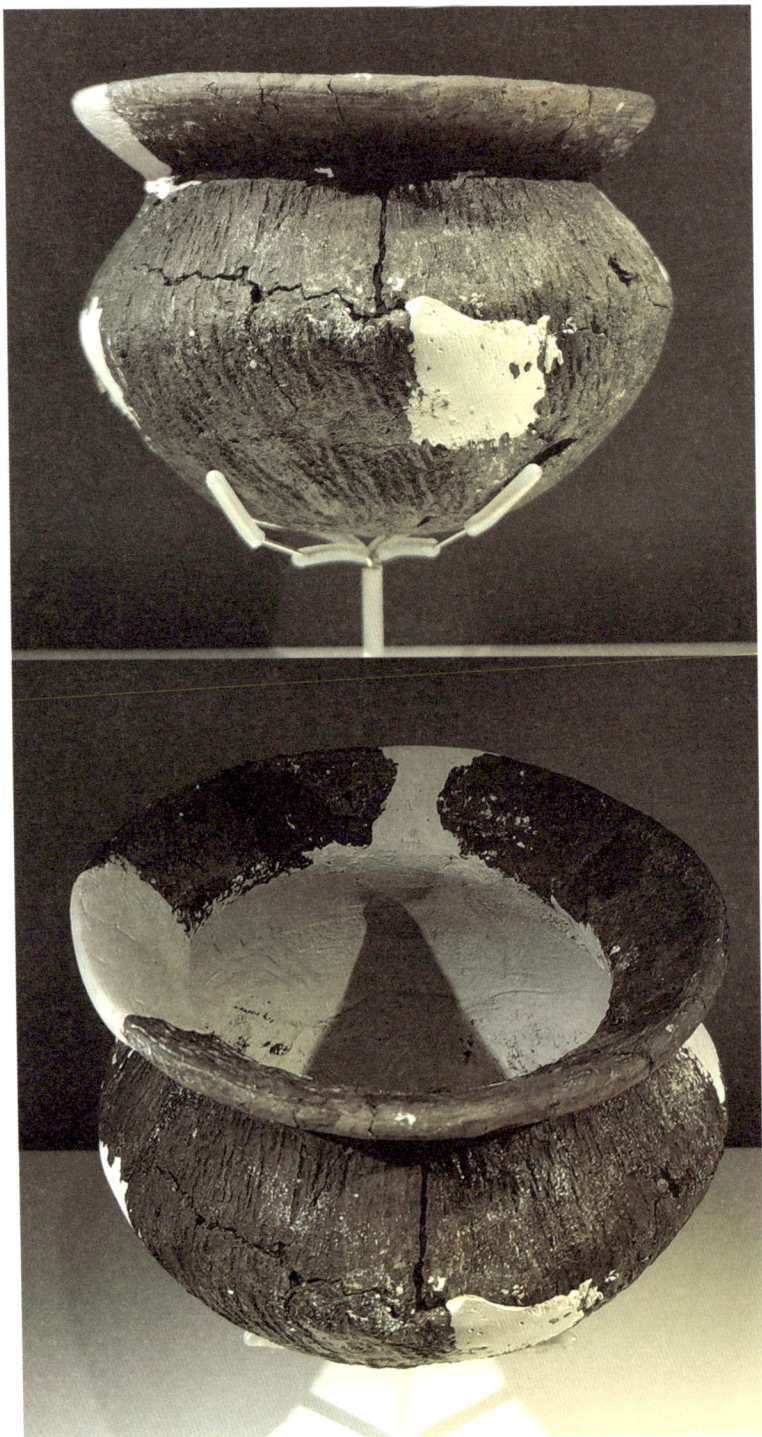

浙江杭州萧山跨湖桥遗址出土的新石器时代陶釜（跨湖桥遗址博物馆藏）

这件陶釜出土时，器内盛有一捆 20 余根植物茎枝。茎枝长 5～8 厘米，单根直径 0.3～0.8 厘米，纹理结节清晰，整齐地曲缩在釜底，茎枝之间不间杂泥巴，与底腹的接触面也十分清爽。据此观察，推测这捆植物茎枝在被丢弃前就在釜内，丢弃过程中没有散乱，而是紧密地粘连在一起，比较符合茎枝被煮软后的特点。另外，陶釜外壁有烟熏火燎的痕迹，证明曾经过火炊。

经浙江省药品检验所中药室检测，植物标本被定为茎枝类。鉴于这些茎枝不可能被直接食用，故应是因陶釜破裂而被丢弃的煎药。至于煎煮的具体是什么草药，已无法进行植物鉴定，所以这 8000 年前的草药罐里到底装了什么药，目前还是个谜。

⊙ 药物起源：传说与物证

在使用化学合成药之前的漫长时间里，人类一直使用天然药物治疗疾病。这些天然药物包括植物药、动物药和矿物药，其中植物药应是人类发现和使用最早的药物。

考古人员曾在浙江省余姚市河姆渡遗址发现了人工采集的樟科植物叶片堆积遗存，而樟科植物有不少是药用的，说明 7000 年前的先民已经知道这些植物无毒、可食用，或有可能已懂得利用樟科植物驱虫治病。

我国古代有关药物起源的传说很多，流传最广的是神农氏和伏羲氏的传说。药物起源与原始农业、畜牧业的发展有着十分密切的关系，传说中的神农氏是原始农业的发明人，伏羲氏则是原始畜牧业的创始者。神农尝百草，发现医药，在我国尽人皆知。《淮南子·修务训》载："……神农……尝百草之滋味，水泉之甘苦，令民知所辟就。"《搜神记》载："神农以赭鞭鞭百草，尽知其平毒寒温之性，臭味所主，以播百谷，故天下号神农也。"另据《太平御览·方术部》收录的《帝王世纪》的内容："伏羲氏……乃尝味百药而制九针，以拯夭枉焉。"又载："帝使岐伯尝味草木，典主医药，《经方》《本草》《素问》之书咸出焉。"

从传说中"尝百草""尝味百药""尝味草木"的记述，可看出先民对植物药的认知和实践过程。医学界曾将中药起源的时间定在《黄帝内经》问世的先秦时期，跨湖桥遗址出土的这一陶釜草药罐，加之釜内被鉴定为茎枝类植物的标本，为研究我国中草药，尤其是煎药的起源提供了新的重要线索。

⊙ 砭石与针灸

除了植物药，在中华传统医学中，针灸也是较早出现的一种有效的医疗手段。根据先秦时期文献记载及考古实证，研究人员一般把针灸出现的时间定在新石器时代，但其渊源可以上溯至旧石器时代。在跨湖桥遗址中，同草药罐一起出土的，还有疑似用作针灸的钉形器。

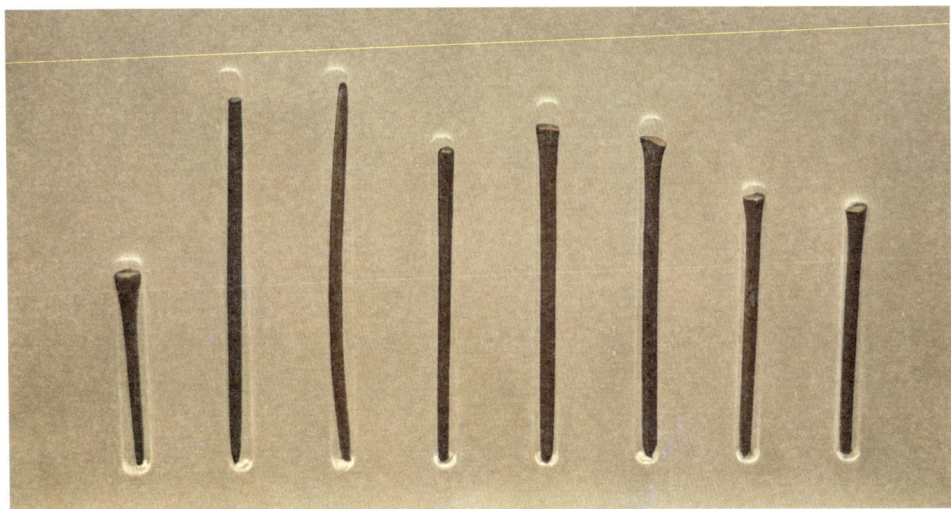

浙江杭州萧山跨湖桥遗址出土的新石器时代钉形器
（跨湖桥遗址博物馆藏）

针灸由砭石发展而来。砭石是古代一种锐利的医疗器具，不少古籍中记载了当时人们对砭石治病的认识。《黄帝内经》记载了中医六术：砭、针、药、灸、按跷和导引。《黄帝内经·素问·异法方宜论》载："故东方之域，……

其病皆为痈疡。其治宜砭石，故砭石者，亦从东方来。"唐王冰注："砭石，谓以石为针也。"《黄帝内经·素问·宝命全形论》载："制砭石小大。"《山海经·东山经》载："又南四百里，曰高氏之山。其上多玉，其下多箴石。""箴"就是"针"字。《左传·襄公二十三年》记载了一句俗语"美疢不如恶石"，东汉服虔注："石，砭石也。"根据这些记载，砭石可谓我国最古老的医疗器具。

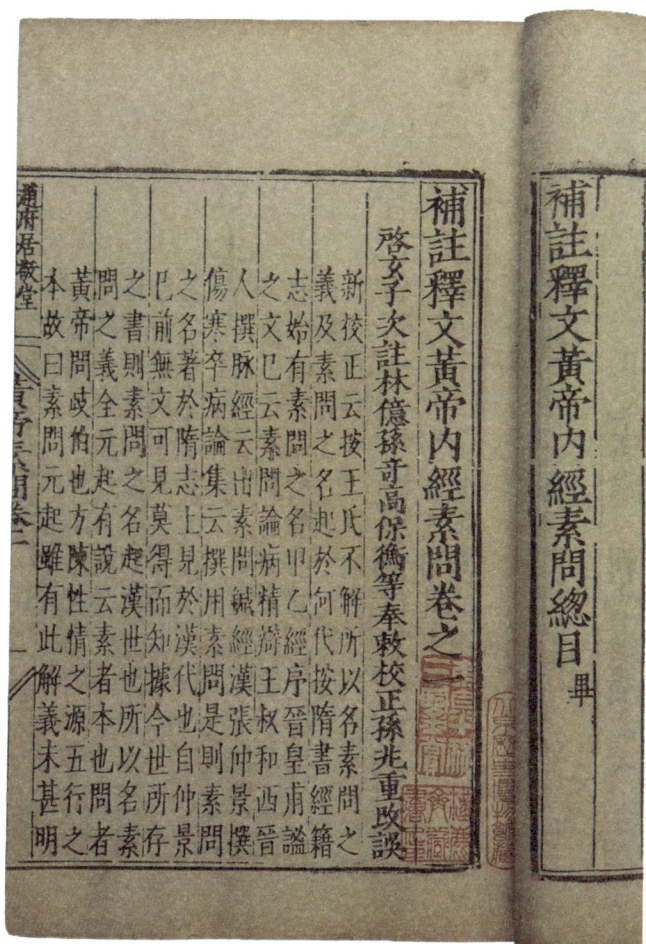

明刻本《补注释文黄帝内经素问》
（中国国家博物馆藏）

最初，砭石主要用于破开脓肿、排除脓血，后来发展为针灸：用之刺激身体的特定部位，以消除或减轻病痛。这些锐利的医疗器具可以用石料、骨头、竹子、木头等制作。跨湖桥遗址中出土了一种钉形骨（木）器，头部尖而不锐、温和柔润，被认为可能是一种原始针灸工具。春秋时期，已经有擅长针灸的名医。《左传·成公十年》记载了名医医缓于公元前581年为晋景公看病的事例："疾不可为也。在肓之上，膏之下，攻之不可，达之不及，药不至焉，不可为也。"医缓指出晋侯已病入膏肓，无论针灸、用药都无能为力。这是史书所载较早的一份病例。随着冶金技术的发展，制作针灸器具的原料逐渐以金属为主，青铜针、金针、银针、铁针相继问世。1968年，河北省保定市满城中山靖王刘胜墓出土了4根金针和5根银针，是我国迄今发现最早的金属针具。

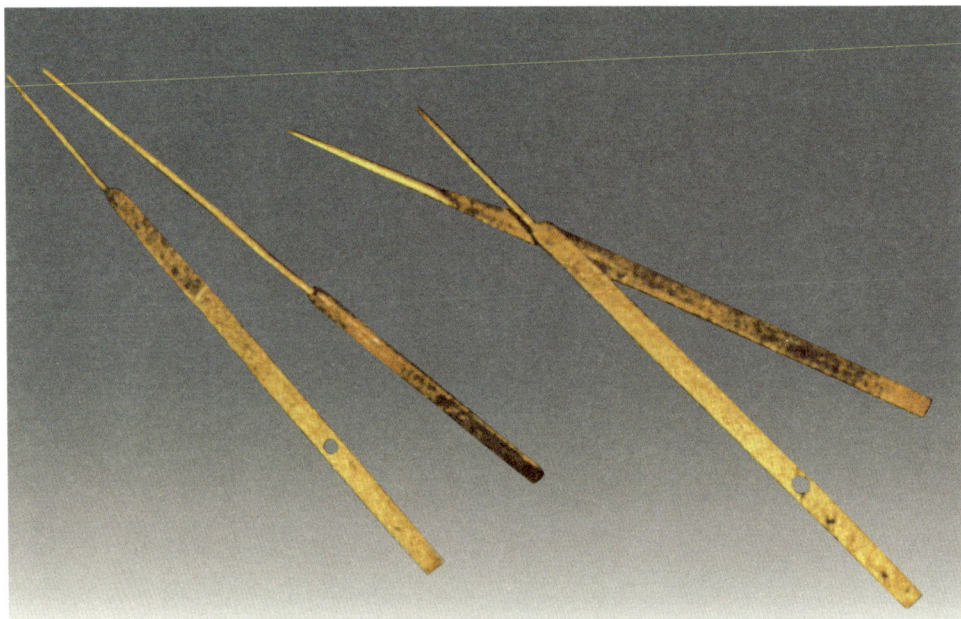

河北满城西汉中山靖王刘胜墓出土的金针
（河北博物院藏）

有意思的是，人们现在常使用的成语"针砭时弊"，意为像医病一样指出社会问题，其中的"针"和"砭"即锐利的医疗器具。

⊙ 中医针灸蕴含的中国智慧

2010 年，联合国教科文组织将"中医针灸"列入人类非物质文化遗产代表作名录。2012 年，四川省成都市金牛区天回镇老官山汉墓出土 900 余枚包含医学内容的简牍，被命名为"天回医简"，是我国迄今为止发现内容最丰富、体系最完整、最具理论和临床价值的古代医学文献，证明 2000 多年前的中国医学已有较完整的理论与临床体系。

植根于中华优秀传统文化的沃土，包括中医针灸在内的中医药文化形成了独特的宇宙观、生命观、疾病观和防治观，讲求"天人合一""人体小宇宙，宇宙大人体"，这种辩证统一的观点给中医治病带来了独特的视角与优势。

中医针灸理论认为，经络是人体内部的枢纽，是人体运行气血、联络脏腑、周身循环的机制所在。通过针灸治疗可以调整脏腑、经络气血盛衰，使人体处于平衡协调的状态。针灸穴位可以治疗对应的疾病，起到调节机体免疫力、增强抵抗力、补中益气、通经活络、扶正祛邪的作用。

此外，"治未病"更是中医独特的疾病

四川成都老官山 3 号汉墓出土的西汉天回医简《脉书·尚经》（成都博物馆藏）

防治理念。《黄帝内经·素问·四气调神大论》载："是故圣人不治已病治未病，不治已乱治未乱，此之谓也。"即顺应不同的时节与环境，分析"未病"时的不同状态特征，采用食疗、心理调治、针刺、艾灸、按摩和穴位贴敷等方式，激发经络之气，保持机体阴阳相对平衡，增强自然抗病能力，从而达到预防保健和强身防病的目的。

跨湖桥独木舟：

承载中华民族走向星辰大海的梦想

在位于浙江省杭州市萧山区的跨湖桥遗址博物馆展厅里，展出着东亚地区迄今为止发现最早的一艘独木舟，也是世界上最早的独木舟之一，被誉为"中华第一舟"。跨湖桥遗址距今 8000 ～ 7000 年，是我国长江下游地区一处重要的新石器时代遗址。8000 年前的先民是怎样制作独木舟的？钱塘江畔的古代弄潮儿又是如何乘风破浪、扬帆起航的？

⊙ 8000 年前的独木舟

2002 年 11 月，考古人员在跨湖桥遗址编号为 T0512 的探方的西北角发掘时，发现了这艘独木舟。出土时，舟体前端保存基本完整，后端已被挖失，残长 5.6 米。独木舟前端较窄，宽约 29 厘米；距离前端 25 厘米处，宽度增至 52 厘米，应为船身宽度。舟的前端底面翘起，顶面留有纵向宽度约 10 厘米的"小甲板"。这艘独木舟用马尾松制成，通过对舟体木块标本进行碳 -14

浙江杭州萧山跨湖桥遗址出土的新石器时代独木舟
（跨湖桥遗址博物馆藏）

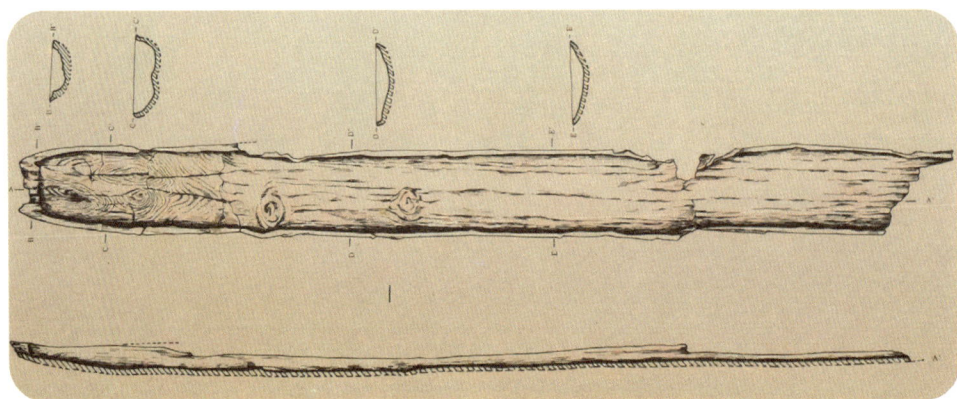

独木舟平、剖面图

测年，年代距今约 8000 年，与所在地层的年代基本吻合。

　　船舷仅在船头部分保存约 1.1 米的长度，其余部位的侧舷以整齐的形式残缺，残面与木料的纹理相合。测量显示，舟体最大内深不足 15 厘米，底部与侧面的厚度均为 2.5 厘米左右，整体较单薄。研究人员对独木舟的木块进行变形率（伸缩率、扭曲率）检测，由于独木舟埋藏约 8000 年之久，深埋于

地面5米以下，已出现一定程度的收缩和变形，并在重力下变薄。

在独木舟的周围还发现了剖开的木料与制作中的木桨，截面多呈扇形，源于同一木头，最长280厘米、宽8.5厘米。木桨没有经过使用，呈毛坯状，应为当时的人们就地制作。此外，还发现了类似的具有木桨功能的其他木器。

⊙ 高超的制作工艺

在独木舟的周围，发现有砺石、石锛（石斧）与锛柄。石锛是木器制作加工和修理的主要工具。在侧舷，还有数片石锛的锋部残片，应为加工木料时现场崩裂的遗留。独木舟附近堆放了一些长条木料，与独木舟材质一致，应为拼补材料。木舟中部有一个经过修补的孔洞，修补方法是在修整破洞后，以一块大小相当的圆形板状木块覆盖贴合，用树胶粘牢。种种迹象均显示，当时这艘独木舟正处于加工和修理状态。

跨湖桥独木舟的漆胶补洞

石锛等工具的集中发现，说明跨湖桥先民在使用合适的工具"刳木为舟"。这艘独木舟体态轻盈，底部和船头呈现出规则的上翘弧度，内部更是挖出容量适宜的舱腔，当时单靠锋利程度有限又易崩缺的石锛等工具完成这些是很困难的。在独木舟的底部，还发现了多片大小不一的黑炭面，推知当时采用的辅助方法是火烧，用火焦法挖凿制作舟体。木头烧成炭后，其坚韧程度大大降低，此时再用石锛去凿，就容易多了。

火烧和刳凿，是跨湖桥人制作独木舟的方法。8000年前的跨湖桥先民即采用火烧和刳凿技术制作独木舟，体现了跨湖桥文化的先进之处。

⊙ 小舟亦可涉大洋

创造独木舟，源于人类对海洋的积极探索，对未知领域的好奇与进取。但小小的独木舟，能否在广袤的海洋中安全行驶？

答案是肯定的。例如，在南太平洋，独木舟一直到现代都是岛屿之间渡海交通联络的主要工具。学界普遍认为，中国东南沿海地区的古代越族是南太平洋岛屿中分布的南岛语族居民的祖先，他们的祖先经中国台湾、中南半岛辗转迁徙至东南亚及南太平洋诸岛，独木舟就是他们向海外进发的工具。

当然，面对风急浪高、变幻莫测的海浪与水文环境，充满创造力的先民也要考虑增加独木舟的稳定性和安全性，将独木舟拼起来使用，常见的做法有两种："边架艇"与"子母船"。边架艇是在独木舟的一边或两边绑扎木架，变成单架艇或双架艇，以增加稳定性。在海洋中航行时，即使遭遇风浪，也不易倾覆。这也是南太平洋地区驾驶独木舟的常用做法。子母船顾名思义，就是将大小两艘独木舟拼接组合起来航行，使得安全性大为增加。

跨湖桥独木舟边架艇模型
（跨湖桥遗址博物馆藏）

一般认为，独木舟的船头形态，对确定其能否在海洋中安全行驶最为重要。跨湖桥独木舟看似轻盈，但船头起势十分平缓，横截面呈半圆，船底不厚，舱偏浅，属于专家分析的"可能在海岸边使用的独木舟"类型。

跨湖桥独木舟出土时，旁边还发现多块小块的苇席状编织物。其中一块保存较好，呈梯形，残面较整齐，完整的一面斜向收边，残幅 50～60 厘米。奇特的是，这件席编物的中间还编进了有支撑作用的木骨，使其具有展开、伸张功能。据此推断，这一席编物可能是独木舟的残"帆"。

综上，沿海的跨湖桥先民很可能已经驾驶着比较完备的帆舟，辅之以边架艇等装备，在海边甚至向大洋深处扬帆启航，探索远距离、长时间载人渡海，去往更广阔的天地。

小舟亦可涉大洋，现代人也在验证着由简陋的石锛凿出来的独木舟完成航海壮举的可能性。南太平洋诸岛国中的法属波利尼西亚有关人士于 2009 年成立独木舟协会，筹划以独木舟从南太平洋大溪地漂航来中国。航海活动定名为"寻根之旅"，意即开展南太平洋地区诸岛国（南岛语族）迁徙路线的探源研究。策划人易立亚等选定 1820 年留存的独木舟图纸，用简单的工具，手工仿制成"自由"号单边架风帆木舟。经过募集航海志愿人士及培训备航，"自由"号于 2010 年 7 月 27 日从大溪地起航。为了让航行更加贴近原始状态，船员们不携带任何现代产品上船，辨识方位完全依靠观察星星的位置和洋流走向。航线自东向西，经库克群岛、汤加、斐济、瓦努阿图、所罗门群岛、巴布亚新几内亚、帕劳、菲律宾，历时近 4 个月，航海 1.5 万千米，于 2010 年 11 月 19 日成功到达中国福州，完成了仿古帆舟跨太平洋之旅。

人类制作独木舟，意味着交通方式和运载能力的变革与提升，开阔了视野，开辟了新天地。独木舟是人类探索江海的关键性一步，为进一步认识自然、改造自然奠定了基础。

⊙ 跨湖桥独木舟与"弄潮"精神

8000 年前的跨湖桥先民驾着独木舟，探索人类和海洋等自然环境的关系，奠定了浙江人弄潮儿的血脉基因，凝结着中华文明的智慧曙光。

北宋隐士潘阆在《酒泉子·长忆观潮》中描绘了宋初钱塘江观潮的壮丽景象，其中"弄潮儿向涛头立，手把红旗旗不湿"一句最为惊艳。宋末元初文学家周密的《武林旧事》对此有详细记载："吴儿善泅者数百，皆披发文身，手持十幅大彩旗，争先鼓勇，溯迎而上，出没于鲸波万仞中，腾身百变，而旗尾略不沾湿，以此夸能。"惊涛骇浪中，弄潮儿踏浪立涛，腾挪辗转，红旗不湿。

8000 年回首，跨湖桥先民已离我们远去，但勇于探索、不怕艰险的跨湖桥"弄潮"精神代代流传，生生不息。如今，钱塘江畔的宁波舟山港已成为世界第一大港，"独木舟"已成巨轮，无数梦想由此起航，见证着中华民族昂扬奋发、走向星辰大海的征程。

"后母戊"青铜方鼎：

人类青铜文化的"中国样本"

在人们常说的"大名鼎鼎""一言九鼎"中，"鼎"字代表着显赫、尊贵、盛大。以鼎为祭器或礼器的做法，源远流长。据《墨子·耕柱》记载，早在夏启之时，鼎已被用作祭器或神器。鼎也是中国青铜时代的典型器物，曾长期被视为立国重器，象征着国家的威仪和权力。

举世闻名的"后母戊"青铜方鼎（以下简称"后母戊"鼎），又称"后母戊"大方鼎，曾称"司母戊"鼎，重达832.84千克，铸造于商王武丁时期，现藏于中国国家博物馆。它所具有的历史、文化、科技和审美等综合价值，为世界理解中华文明特质和形态提供了"中国样本"。

⊙ 关注命名，强调青铜文化艺术价值

在1975年6月24日的"中国历史博物馆历史文物一级藏品登记表"中对这件登记号为Y279的文物是这样记录的：名称为"司母戊"鼎，质地为

铜，时代为商，尺寸为通耳高133厘米、通身高106厘米、长116厘米、宽79厘米。

在器物名称方面，大部分专家认为"后母戊"的命名要优于"司母戊"，与"皇天后土"中的"后"同义。改为"后母戊"，其意义相当于伟大、了不起、受人尊敬，是将此鼎献给"敬爱的母亲戊"的意思。2011年，"司母戊"正式更名为"后母戊"。2022年，在中国国家博物馆纪念建馆110周年之际，文物出版社出版的《中国国家博物馆》画册最新解读了"后母戊"鼎，以简短的内容对过去的信息作了校正和补充。

"后母戊"鼎铭文

截至目前，百度检索"司母戊"，找到相关结果约2000万个；百度检索"后母戊"，找到相关结果约3640万个。说明短短10余年间，接受"后母戊"的人数已经超过"司母戊"。世界上很少有文物因命名就引起如此多的关注。其背后是中国人对血脉亲情文化、对家国情怀，以及对"我是谁""我从哪里来""我要到哪里去"的深刻探寻。

⊙ 青铜重器，彰显"殷道复兴"的盛世景观

"国之大事，在祀与戎"，夏商周文明里，"祀"与"戎"乃国家头等大事。

从文献记载看，商代在武丁时期历经多次征伐战争，逐渐走向兴盛。武丁重视农业，著名的刻辞卜骨"王大令众人曰协田"，是武丁亲自指示翻耕等具体劳作的反映。同时，青铜铸造业、丝绸纺织业、陶瓷制造业等手工业和商业也更加专业化。

通过文治武功，武丁时期出现了"修政行德，天下咸欢，殷道复兴"（《史记·殷本纪》）的盛世景观。对此，孟子称赞："由汤至于武丁，贤圣之君

河南安阳殷墟出土的商代"后母戊"鼎（中国国家博物馆藏）

六七作，天下归殷久矣，久则难变也。武丁朝诸侯，有天下，犹运之掌也。"

更令人称道的是，面积达 3600 万平方米的殷商都城也同之前的夏都二里头一样，没有高大的城垣，是个不设防的特大型都市。这是在向全天下自信宣告，商王畿地区不会有战争。而此时甲骨文"或（國、国）"字，戈为兵器，口为土地，合在一起，便是用实力保护家园。再后来，"或"字加上框，意味着防御性的城墙或长城出现了。

在"殷道复兴"的盛世背景下，家国一体开始成为中国人的价值观选择。由此，家国情怀源源不断地汇入中华优秀传统文化，形成"修身齐家治国平天下"的纲常伦理。

⊙ 工艺精湛，堪称中国青铜时代铸造技艺的标杆

商代熔铜坩埚
（中国国家博物馆藏）

商王祖庚或祖甲为祭祀其母戊所制"后母戊"大鼎重器，实乃史上罕见。因为在塑造泥模、翻制陶范、合范灌注等制作环节中，存在一系列高难度的技术问题。

所谓青铜，是红铜与锡或铅、镍等化学元素的合金。合金的出现，是金属铸造史上一次重大的突破。商代青铜器的熔点一般在 700～900℃，比红铜的熔点要低很多，但是含锡 10% 的青铜的硬度却是红铜的 4.7 倍。学者胡厚宣、胡振宇认为，正是由于青铜具备熔点低、硬度高、化学性能稳定等优点，才受到青睐，并得以广泛应用。

根据铸痕观察，"后母戊"鼎的鼎身与四足为整体铸造，鼎身使用 8 块

陶范，每个鼎足各使用 3 块陶范，器底及器内各使用 4 块陶范。鼎耳是在鼎身铸成之后再装范浇铸而成。而将这些复合范拼合为一个整体，则需要高度熟练的技巧。

铸造"后母戊"鼎，还需要精密的计算与配合。此鼎所需金属原料超过 1000 千克，必须高效协同操作数个大型熔炉，保证有足够的金属液不断流入范内，稍有疏忽，都会导致严重的铸造缺陷。火候大小与熔炼时间不一致，也会使锡在炉中的氧化程度不同，从而造成含锡量的差异。开炉释放金属液的时间不协调，同样也会影响铸造质量。每道工序

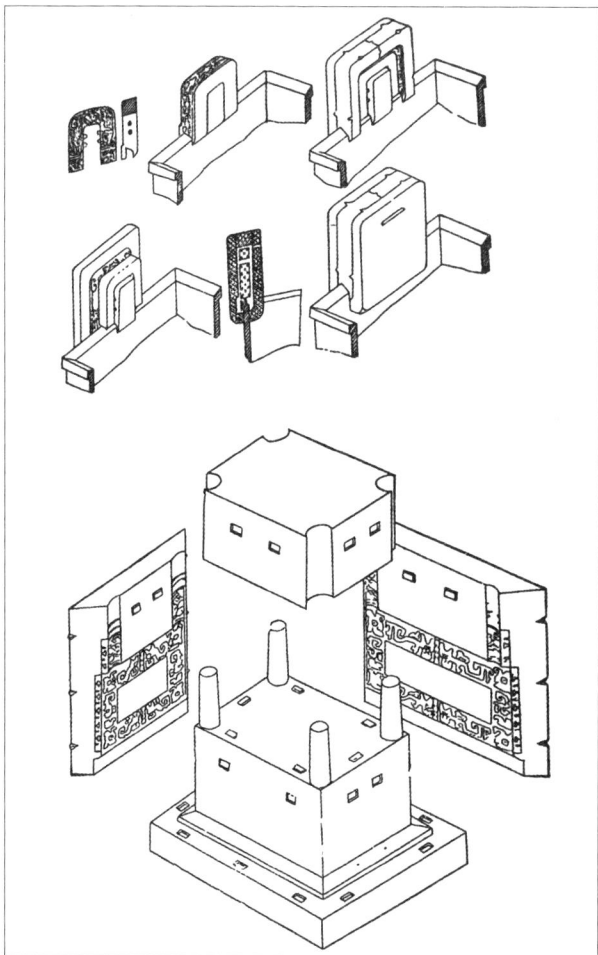

"后母戊"鼎的铸型与装配法

均需要人数众多而且具备一定专业技术的工匠。有学者研究认为，当时每只坩埚只能熔铜 12.5 千克，算下来浇铸"后母戊"鼎要用 70 多个坩埚，铸造时需要 100～300 人同时操作。

通过定性和定量分析发现，"后母戊"鼎含铜 84.77%、锡 11.64%、铅 2.79%、其他成分 0.8%，与战国时期成书的《考工记·筑氏》所记鼎的铜锡比例基本相符，可见中国古代青铜文明的内在传承。

⊙ 饱经沧桑，却未曾离开过故乡

吴培文

1939年3月，抗日战争期间，正值国难当头、兵荒马乱之际，河南省安阳县武官村村民吴希增在吴培文的农田中掘获"后母戊"鼎。大鼎出土时就已缺失了一只鼎耳，后又被砸断一只鼎耳。为防止日本人劫掠，吴希增和吴培文决定先将大鼎掩埋在吴培文自家院子的老水坑里，断掉的鼎耳则由吴希增保管。从此，吴培文做起了国宝守护人。

1946年7月，安阳当地官员派人到吴培文家将鼎掘出，并在吴希增家夺走了鼎耳。10月，《申报》特派员邵慎之实地采访，将其定为殷器，释铭文为"后妻戊"或"妻戊"。驻安阳军事当局闻讯接收大鼎，作为献给蒋介石六十大寿的礼物运往南京。蒋介石观后甚喜，下令交国立中央博物院筹备处保存。

1948年5月，国立北平故宫博物院、国立中央博物院筹备处联合在南京中山门内半山园举办展览会，"后母戊"鼎作为重要的展品向社会展出。从照片看，当时大鼎还是断双耳。后来，考古学家曾昭燏组织文物修复专家根据那只断耳，又补铸了一只鼎耳，终于恢复了宝鼎的原貌。

全国解放前夕，曾昭燏致函国立中央博物院筹备处主任杭立武："运出文物，在途中或到台之后，万一有何损失，则主持此事者，永为民族罪人。"她拒绝赴台，并采取行动抵制国民党当局运走文物，并联合社会知名人士，写信呼吁将已运往台湾之文物运回。她更以太大太重、不好包装为由，竭力阻止"后母戊"鼎等重要文物赴台。1949年4月，中国人民解放军占领南京，"后母戊"鼎成功留在了大陆。

曾昭燏

"后母戊"鼎双耳

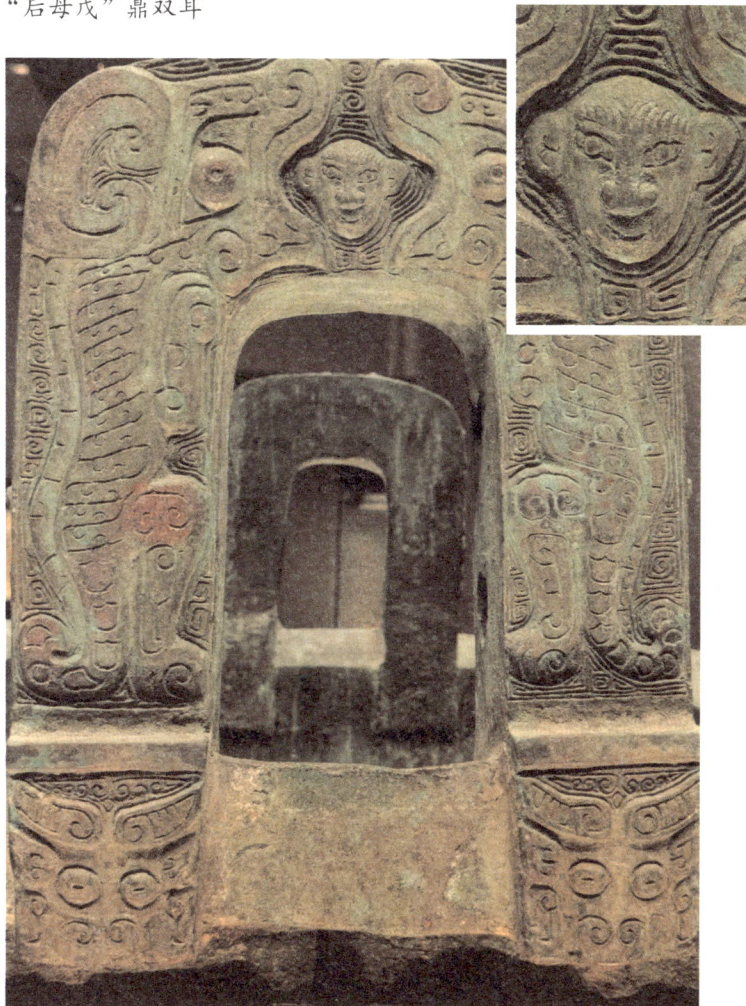

1959 年 4 月，南京博物院将"后母戊"鼎移交给正在筹建中的中国历史博物馆（今中国国家博物馆）。从此，保护、研究和展陈的接力棒传到中国国家博物馆。同年 12 月，"后母戊"鼎的合金成分及铸造工艺研究成果得以公布。1962 年，"后母戊"鼎的复制工作完成。1964 年 8 月，邮电部发行《殷代铜器》特种邮票，第八枚为面值 20 分的"司母戊鼎"邮票。1978 年，"后母戊"鼎被写入中学历史教材。2005 年 9 月，为支持并配合安阳殷墟申遗活动，"后母戊"鼎回到故里展出。2007 年 12 月，"司母戊"作为申请商标，

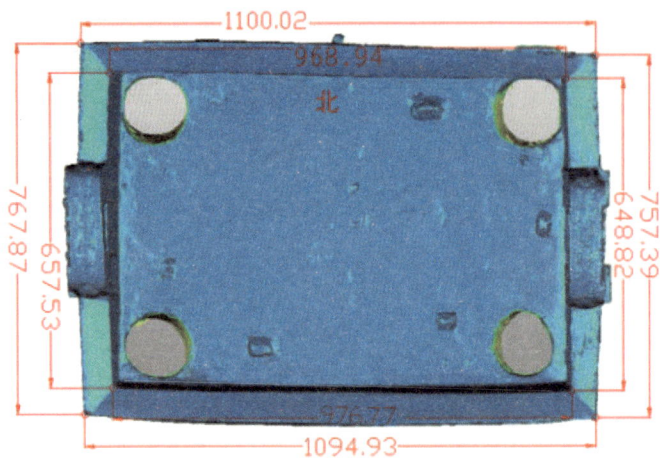

位置	尺寸（mm）		位置	尺寸（mm）	
鼎东壁外口沿	上	757.39	鼎南壁外口沿	上	1094.93
	下	754.41		下	1077.24
鼎西壁外口沿	上	767.87	鼎北壁外口沿	上	1100.02
	下	768.69		下	1091.60
鼎东壁内口沿	648.82		鼎南壁内口沿	976.77	
鼎西壁内口沿	657.53		鼎北壁内口沿	968.94	
备注	以鼎有铭文的一侧为北定方位				

"后母戊"鼎口沿俯视正像映射测量示意图及数据表

在国家工商总局商标局获准注册。2008 年 7 ～ 9 月，"后母戊"鼎在北京奥林匹克公园内的中国科技馆新馆展出。2009 年，中国国家博物馆对"后母戊"鼎立项研究（地面雷达激光扫描、精细测绘、三维数字、全方位 X 光探伤等）。2011 年 9 月，"后母戊"作为申请商标，在国家工商总局商标局获准注册。2012 年 7 月，中国邮政发行《国家博物馆》特种邮票，包括面值 3 元的"司母戊鼎"邮票。2013 年 7 月，中国国家博物馆公布"后母戊"鼎的鼎足采样检测结果，显示其主要病害状况。2016 年 7 月，《殷墟》特种邮票发行，"后母戊"鼎第三次登上方寸之地。一件古代器物能够 3 次上邮票，在新中国的邮票发行史上也是罕见的。

青铜利簋：
武王征商时间的关键物证

2022 年 6 月，融合自然科学与人文科学研究方法的《夏商周断代工程报告》发布了一个重大消息：武王伐纣的时间为公元前 1046 年 1 月 20 日。这个时间的确立从西汉学者刘歆的考证算起，已经过去了 2000 多年。这一切，要从青铜利簋（以下简称利簋）的发现说起。

⊙ 出土利簋记载"武王伐纣"

1976 年 3 月，陕西省临潼县零口公社（今西安市临潼区零口街道）农民搞水利建设时，于一处周代遗址的窖藏中发现了一件带铭文的青铜簋，因作器者名"利"，故称利簋。让人们震惊的是，利簋上赫然记载了"武王伐纣"这一重大历史事件。这是迄今为止发现的直接记述这一历史事件的唯一古

周武王像

陕西临潼零口青铜器窖藏出土的西周青铜利簋
（中国国家博物馆藏）

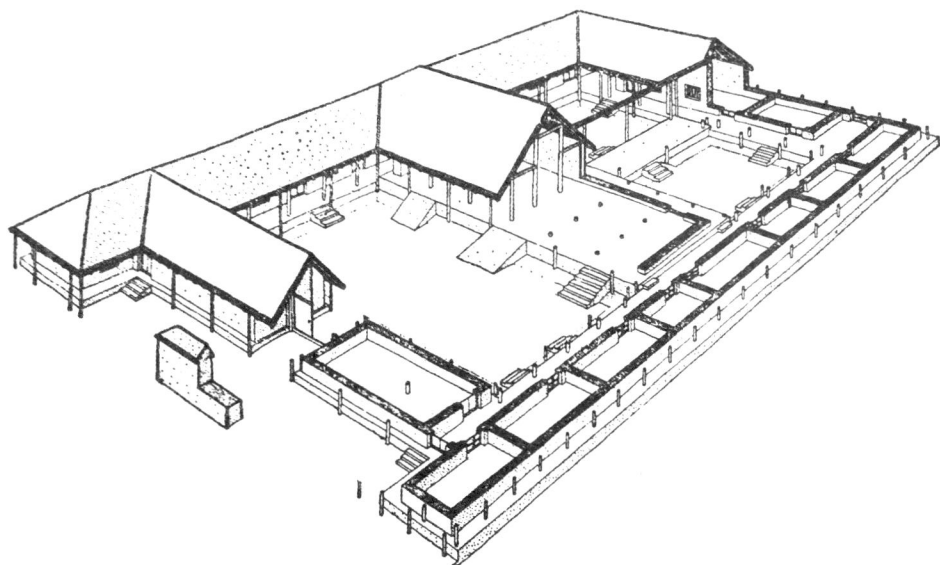

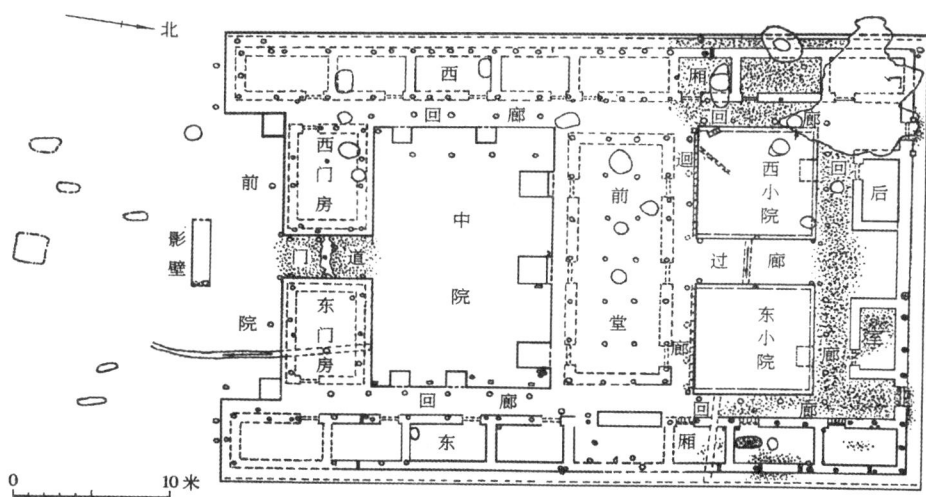

陕西周原岐山凤雏西周甲组建筑基址平面图及复原示意图

文字材料，为人们历时 2000 多年确认西周代商的时间提供了最为关键的物证。

　　武王克商和牧野之战是西周代商的重要节点，历来被视为夏商周年代学的关键，由西汉末年的学者刘歆最早开始探索。武王克商是周武王姬发带领周与各诸侯联军起兵讨伐商王帝辛（纣），最终灭商建周的历史事件；牧野之战是周武王联军与商朝军队在牧野（今河南省淇县南、卫河以北，新乡市附近）进行的决战。

确认武王克商（灭商建周）时间之难的主要原因有三：

一是传世典籍证据不足。如西周共有多少年？据战国到南北朝时期的文献，如《左传》《孟子》、古本《竹书纪年》《史记·鲁世家》《世经》等记载，西周计年相差 200 ~ 300 余年……这些都需要进行精确梳理。

二是学者大多从个人专长或专业出发进行研究。如，西汉末年学者刘歆依据古本《竹书纪年》推算西周建立的时间为公元前 1122 年，梁启超推算为公元前 1027 年，天文学家卢景贵提出公元前 1046 年的观点。

三是自然科学与人文科学的研究没有形成合力。1996 年"夏商周断代工程"启动伊始，梳理不同学科对西周代商年代的代表性意见达 40 余种，最早的是公元前 1130 年，最晚的是公元前 1018 年，上下相距达 112 年。

近年来，诸多科技手段被运用到年代研究中。如用常规法和 AMS 法（一种高精度测量放射性同位素比率的技术）对丰镐遗址（位于陕西省西安市）地层中采集的系列含碳样品做了碳 -14 年代测定，用碳 -14 年代测定商后期的殷墟（位于河南省安阳市）系列、西周的琉璃河（位于北京市房山区琉璃河镇董家林村）系列和曲村—天马（位于山西省临汾市曲沃县曲村）系列。专家们还对殷墟甲骨文宾组卜辞中 5 次月食的年代进行认证和计算，得出武王克商年代范围应在公元前 1050 ~ 前 1020 年。最终，根据利簋铭文中天象的记载，通过对天文的推算，专家们将武王克商的年代确定在公元前 1046 年。

⊙ 利簋彰显"天人合一"思想

簋，流行于我国商代至春秋战国时期，主要用于放置饭食，是古代盛装煮熟的稻、梁等食物的器皿。在商周时期，簋除了作为盛放食物的器皿之外，也是重要的礼器，在宴飨和祭祀时，簋以偶数与列鼎配合使用。

带方座的簋只见于西周早期，数量很少，无器盖。利簋高 28 厘米，口径

22厘米，方座长、宽各20.2厘米，重7.95千克。侈口，深腹，上腹近直，下腹弧内收，圈足下附方座，双兽首衔鸟头状耳，耳下有垂珥。整件器物上为圆体，下为方体，整体造型表达出"天圆地方"的理念。天与圆象征着运动，是如六十甲子一般周而复始的天时；地与方象征着静止，是东南西北的方位

利簋局部

和地势。"天圆地方"实际是"天之道"与"地之道"的统一，彰显出利簋蕴含的"天人合一"的思想。

利簋的造型典雅、厚重、庄严、雄伟，其腹部和方座座壁的纹饰以饕餮纹为主，呈现出一种威严与狞厉之美。

利簋的铸造采用先铸造器体或附件，然后将两者接铸的分铸法，较多承袭商代遗风。矿石为孔雀石，燃料为木炭，所用陶坩埚（又称"将军盔"）

一次能熔铜 12.5 千克。将熔铜液浇注到事先做好的陶质模范内，冷却后便可成型。

⊙ "利"用周王所赐吉金铸簋

武王克商和牧野之战宣告商朝的灭亡，周朝登上历史舞台。利簋腹内底部铸有铭文4行，计32字：

珷（武王）征商，唯甲子朝，岁鼎（贞），克，昏夙又（有）商。辛未，王在阑师，锡又（有）事（史）利金，用作檀公宝尊彝。

这段铭文的大意是：武王伐商，在甲子这一天凌晨，岁星当空。（战斗到）次日天明，攻下商都。七天之后的辛未日，武王驻扎在阑这个地方，赏赐主知天道的史官"利"（人名）吉金（铜）。利用这些铜铸造了这个簋来纪念祖先檀公。

利簋铭文透出三条重要信息：

一是记载了牧野之战这一重大历史事件。"唯甲子朝，岁鼎"，可以想象，当时甲子日，岁星中天，这正是周武王在商郊牧野作《牧誓》演说、发动总攻的时刻。利簋铭文也印证《尚书·牧誓》中的记载："时甲子昧爽，王朝至于商郊牧野，乃誓。"次日天明，攻下商都，也证实了古籍中所载"战，一日而破纣之国"。利簋铭文和文献、天文条件等信息契合。

二是专业史官记载了牧野之战。牧野之战是中国历史上以少胜多、以弱胜强、先发制人的著名战例，也是我国古代车战初期的著名战例。铸造此簋的"利"的职务为"右史"。《左传·哀公元年》和《国语·周语》都曾讲到周人史官主知天道。

三是此簋的主人为"利"。这是目前发现的我国西周时期最早的署名青铜器。利用周王赐的吉金铸造此簋，作为礼器祭祀祖先，说明"国之大事，在祀与戎"的理念已传承到周朝，并发扬光大。"祀与戎"对后世中国礼乐文明和儒家文化发展都产生了重大影响。

利簋铭文

⊙ 夏商周断代的纪年"坐标"

武王克商的时间之所以重要，是因为这一时间是夏商周断代的纪年"坐标"。如要得到商后期商王在位年表：盘庚迁殷为公元前1300年，盘庚（迁殷后）、小辛、小乙在位共50年，为公元前1300～前1251年；武丁在位59年，为公元前1250～前1192年；帝辛在位30年，为公元前1075～前1046年。

我们还可以将商前期年代框架大致推定如下：商代始年为公元前1600年左右，仲丁迁隞为公元前1430年左右，河亶甲居相为公元前1405年左右，祖乙迁邢为公元前1403年左右。再往上，对夏的始年，基本年代构架可估定为公元前2070年。

以上得到的夏商历代君王在位年表的大致情况与考古学文化各期的测年结果大体吻合。因此，利簋的发现，为深入研究我国古代文明的起源和早期发展提供了一个完整的样本。相信顺着时间轴线向历史深处的不断拓展，专家们或将会有更多的重要发现，带给人们更多的惊喜。

"吴王夫差"青铜剑：

见证春秋战国跌宕起伏的历史

2022 年，全长约 1794 千米的京杭大运河迎来了 100 多年来的首次全线通水，引来世界的关注。这是人类历史上开凿最早、规模最大的人工运河，曾在古代中国的南北沟通、中西交流方面起到举足轻重的作用。

在中国国家博物馆于 2020 年 11 月 1 日至 2021 年 6 月 6 日举办的"舟楫千里——大运河文化展"的第一展厅里，陈列着一把闪着寒光、精美绝伦的"吴王夫差"青铜剑，剑体近格处有铭文"攻（工）敔（吴）王夫差自乍（作）其元用"10 字。吴王夫差于公元前 486 年执剑开凿从扬州到淮安的邗沟，成为大运河"第一锹"的开挖者。

⊙ "百兵之皇"

吴王夫差出生在吴国。吴国为姬姓，是周太王之子泰伯后人的封地，周武王时周章始封，都城在今江苏苏州。这里地处长三角腹地，8000 ～ 6000

多年前就曾为人类贡献出陶器做出的米饭，深受上山文化、跨湖桥文化、河姆渡文化、良渚文化浸润。

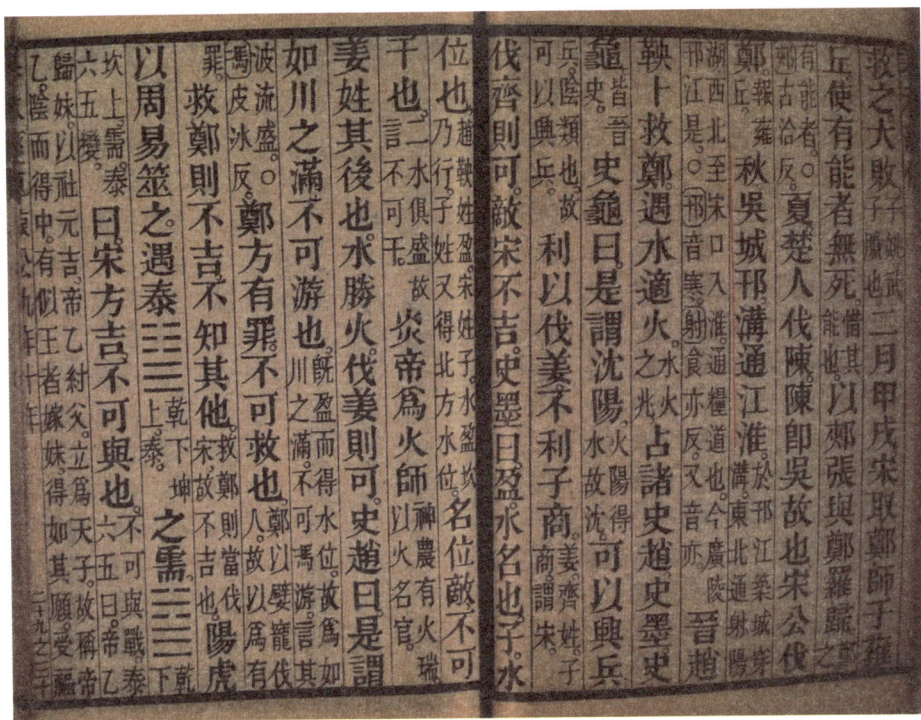

《左传·哀公九年》中记载的"秋，吴城邗，沟通江、淮"

　　春秋时期，地处江浙的吴、越开始发展，雄霸了东南。吴国和越国的地势都不适合车战，因此对剑情有独钟，铸剑的水平也十分高超。在中国古代十八般兵器中，剑被称为"百兵之皇"，其家族中年纪最长的无疑是青铜剑。在国力强大的吴国，锋利的青铜剑远近闻名。

　　吴国盛行佩剑之风，击剑活动在当时也相当普及。《庄子》说吴王喜爱击剑，剑术是吴越军队必须习练的技能。吴王夫差的对手越王勾践为了提高部队的战斗力，采取的主要措施之一就是训练士卒提高击剑水平。越女剑的传说反映了越国击剑的风气。

　　周敬王二十六年（公元前494），吴王夫差兴兵击败越国。勾践求和，吴王接受。公元前 484 年，夫差在艾陵（今山东省济南市莱芜区东南）之战中全歼十万齐军。公元前 482 年，夫差在黄池（今河南省封丘县西南）会盟诸侯，与晋争霸获胜，吴国的发展达到极盛时期。

吴王夫差执剑征战和开凿运河几乎同步。夫差不止开凿了邗沟，《国语·吴语》中还提到吴王夫差"乃起师北征。阙为深沟，通于商、鲁之间，北属之沂，西属之济，以会晋公午于黄池"，即夫差为了西进中原与晋国争霸，于公元前 482 年开凿了一条名为深沟的运河。这条运河是在菏水（今属山东省菏泽市）故道上所开。此外，夫差还利用长江三角洲天然便利的河湖港汊，疏通了由苏州经无锡、常州北入长江到扬州的"古故水道"，与邗沟相连。

水系相连，加速了中原文化拓展到长江流域的步伐，为多元一体的中华文明和中华民族的形成和发展奠定了坚实基础。

⊙ "吴王夫差"青铜剑有"三绝"

《九歌·国殇》里的"操吴戈兮披犀甲"，表达了屈原对吴国兵器精良的赞叹。"吴王夫差"青铜剑刃极为锋利。据学者程义介绍，苏州博物馆对馆藏"吴王夫差"青铜剑做过测试，在不施加外力的情况下，仅以剑体自身重量，即可轻松割裂 12 层宣纸，其当年的锋利程度可想而知。

目前发现的"吴王夫差"青铜剑不止一把，中国国家博物馆馆藏的这把"吴王夫差"青铜剑凸显了"三绝"。

一为剑的合金配比。这把剑是复合铸造，即剑脊与剑刃用不同配比的青铜合金二次铸造。剑身中间隆脊有棱，在局部加入不同配比的锡、铅、铁、硫等成分，使其刚柔相济，收分自然。

二为剑菱形纹。将剑放大后观察，能清晰地看到剑身上的菱形暗格花纹。正如记录吴越历史文化的《越绝书·越绝外传记宝剑第十三》中的记载："手振拂扬，其华捽如芙蓉始出。观其钑，烂如列星之行；观其光，浑浑如水之溢于塘；观其断，岩岩如琐石；观其才，焕焕如冰释。"

三为剑同心圆。这把剑有8个圆心槽底。这种同心圆现今可用车床车出来，但对于细密的多圈凸棱，上海博物馆等机构曾多次实验，也难以复制和仿制。

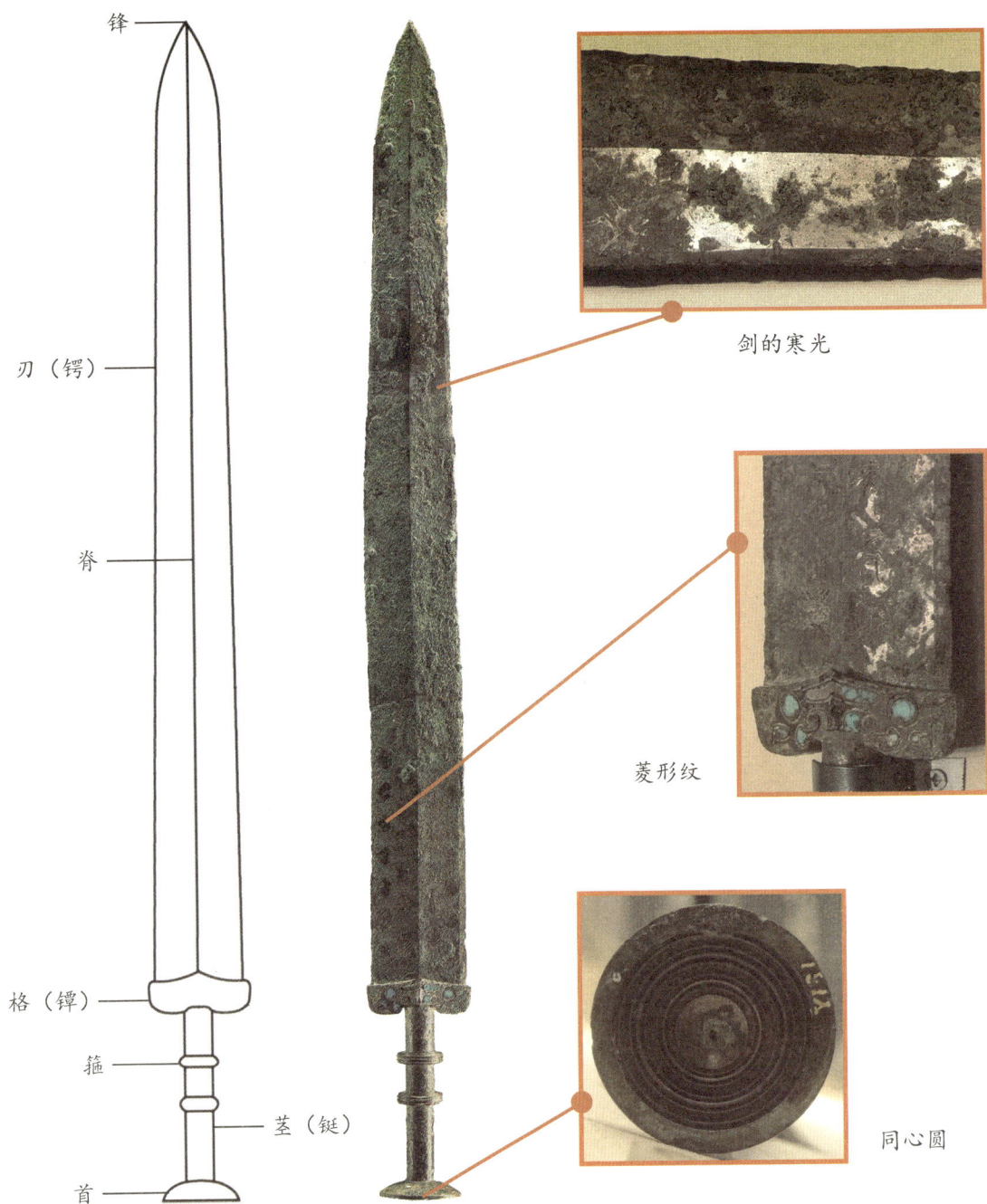

锋

刃（锷）

脊

格（镡）

箍

茎（铤）

首

剑的寒光

菱形纹

同心圆

河南辉县出土的春秋时期"吴王夫差"青铜剑（中国国家博物馆藏）

　　如此"三绝"，除了当地优质的青铜原料和铸造环境外，更重要的是要有优秀的铸剑师的加持。春秋战国时期，出自名家之手的宝剑，被列国君主视若珍宝，甚至不惜为之大动干戈。《越绝书》载，春秋时期，楚王派风胡子到吴国请欧冶子、干将铸铁剑。欧冶子、干将铸成龙渊、泰阿、工布三把剑，晋、郑两国闻而往求，楚王不允，于是出兵围楚，竟达 3 年之久。

　　吴剑铸剑师有着传奇的故事。据《吴越春秋·阖闾内传》载，干将和莫邪是一对铸剑的夫妻工匠，吴王阖闾（即吴王夫差的父亲）请其铸剑，他们在莫干山采五山之铁精，候天伺地，开始铸剑。起初总炼不成，这时他们想起自己的师傅也曾遇到此种情况，那时师父、师母俱入冶炉，然后成剑。于是莫邪"断发剪爪"投于炉中，终于铸出阴、阳两把宝剑，阳曰干将，阴曰莫邪。从此，干将剑和莫邪剑成为后人梦寐以求的宝物。

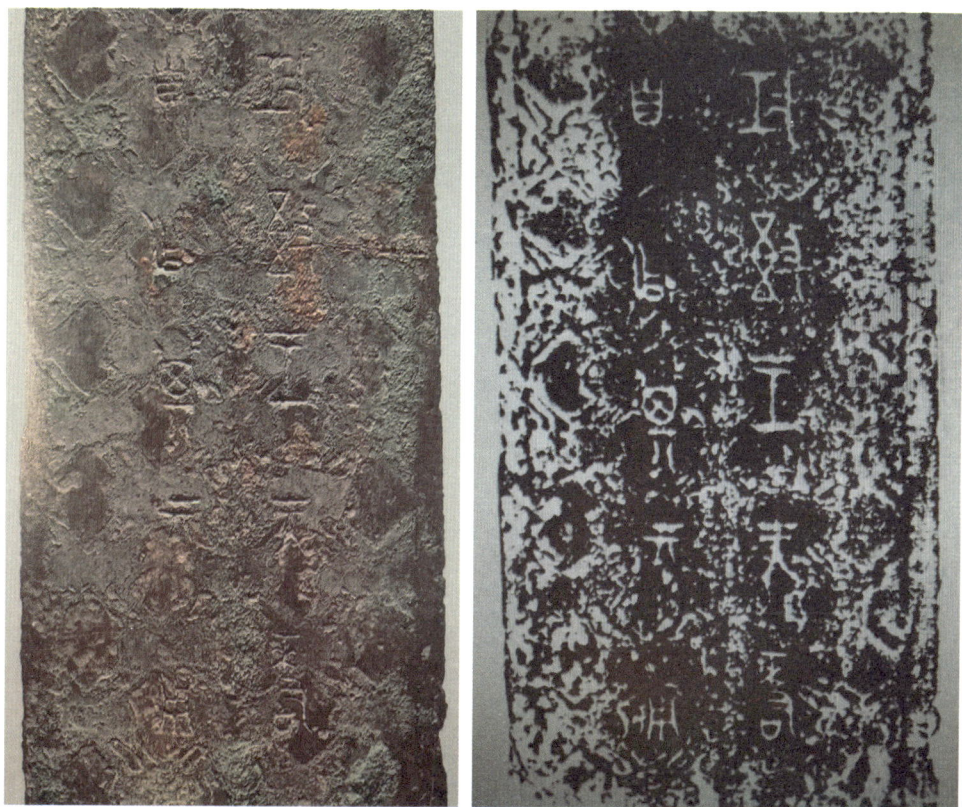

"吴王夫差"青铜剑剑身铭文及拓片

　　"吴王夫差"青铜剑的铭文具有较高的文化价值。何为"工吴"？为何古籍文献中要叫"勾吴"？国学大师王国维认为，将"勾吴"当作"工吴"乃中原人所传古籍文献中错记吴音的缘故。

　　此外，《越绝书》称"吴王夫差"青铜剑为大师铸造。但究竟是哪位大师，也成为后人关注的谜。

⊙ 夫差和勾践：不出剑的较量

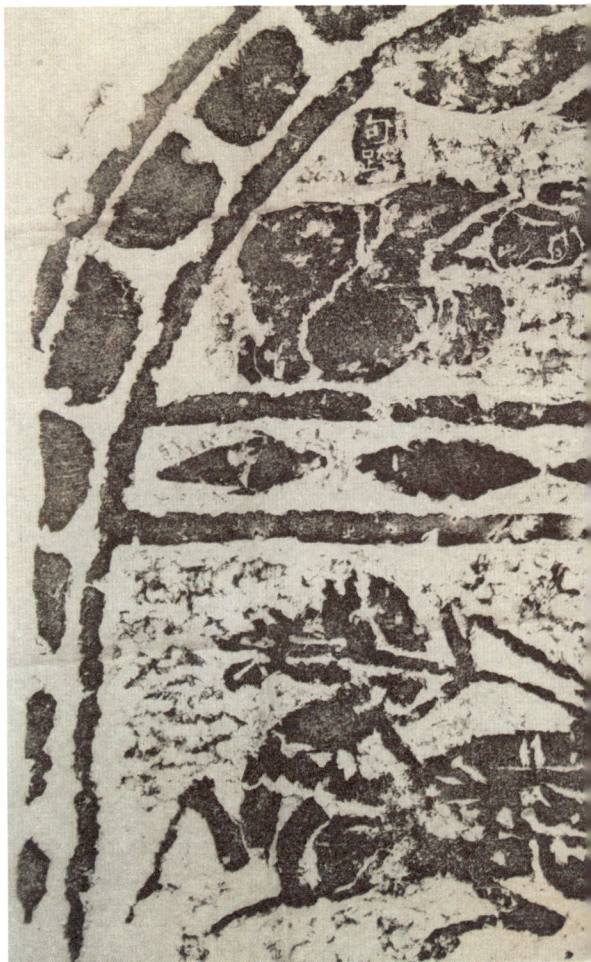

勾践、夫差画像石拓片（中国国家博物馆藏）

　　当"三绝"之剑出现并成为王侯追逐的时尚的时候，孔子正在周游列国，传播和合文化，努力将剑从一种作为力量象征的武器转变为一种礼仪语言。

　　当时，越王勾践也志在问鼎中原。他与吴王夫差两人始终较量，但两人竟然均未向对方出剑。

　　青铜剑较量的背后，实际是综合实力的较量。吴王夫差的父亲阖闾于公元前514年上位后，大力发展农业生产，使吴国的综合国力迅速增强。公元前496年，吴王阖闾伐越，越王勾践用计谋大败吴军。据史料记载，越大夫灵姑浮挥剑斩落吴王阖闾的脚趾。

　　吴王夫差为洗雪耻辱，励精图治，国力进一步增强。公元前494年，吴王夫差在夫椒（今太湖洞庭山）之战中大败越国。但他没有听谋臣伍子胥的进言杀掉勾践，而是将勾践放回越国。

勾践回国后，卧薪尝胆，越国迅速恢复国力。公元前 475 年，越国兴兵伐吴。公元前 473 年，勾践攻破吴国都城姑苏（今苏州）。《史记》称此时："越王句践欲迁吴王夫差于甬东，予百家居之。"吴王拔剑"遂自刭死"，时年 55 岁。吴国灭亡。

夫差拔剑自刎后，勾践以伯侯之礼将他葬在苏州城北阳山，让军士每人负土一筐，遂成大冢。之后，勾践北上与齐晋等诸侯会盟，成为春秋时期最后一位霸主。

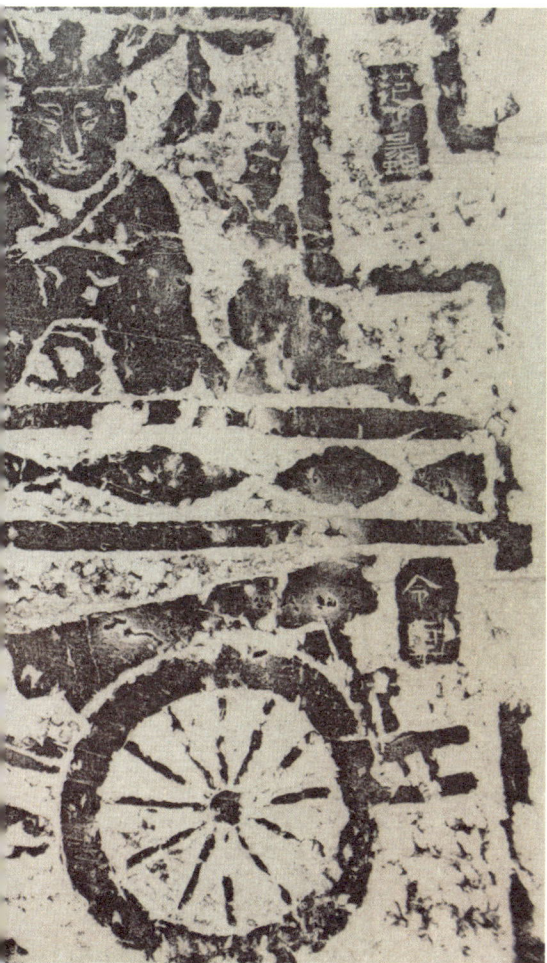

⊙ 青铜剑背后的西施

传说美女西施也参与了吴越争霸的较量。当越国称臣于吴国时，越王勾践采纳了大夫文种提出的美人计，将西施献给吴王夫差。西施忍辱负重，成为吴王最宠爱的妃子，"乱吴宫，以霸越"。西施在史料上得到的更多是尊重，自古至今，无人将其比之妺喜、妲己、褒姒之流。《墨子》认为："西施之沈，其美也；吴起之裂，其事也。"美女西施的加入，为"吴王夫差"青铜剑寒光的背后增添了一份家国情怀，释放出一份文化温度。

2006 年，"西施传说"被列入第一批国家级非物质文化遗产名录。依附于吴越争战而产生的西施传说，是对吴越历史文化的民间诠释，对研究春秋史有重要参考价值。其褒扬真善美，崇尚英雄主义和献身精神，对弘扬优秀的人文精神，有积极意义。

明人绘《千秋绝艳图》中的西施像（中国国家博物馆藏）

长台关楚墓编钟：

谁在太空奏响"东方红"

中国国家博物馆"古代中国基本陈列"展厅中，陈列着一套闻名遐迩的编钟，因其第一件钟身铭文"惟䈞篙屈奕晋人，救戎于楚境"而得名䈞篙编钟。

这套编钟之所以声名显赫，不但因为它保存完好、外形精美，更因为它与我国第一颗人造地球卫星"东方红一号"有着一段鲜为人知的缘分。长久以来，众多学者都以为是这套编钟演奏了"东方红一号"在太空播放的乐曲《东方红》。近年来，随着研究的深入，这套编钟与"东方红一号"之间的机缘脉络逐渐清晰。原来这缘分背后，有着两段"不得已而为之"的往事。

⊙ 从"谎言"到"一钟双音"

1957年，这组䈞篙编钟于河南信阳长台关1号楚墓出土。䈞篙编钟为一组13件纽钟。第一件钟形体较大，且钟体各部纹饰与其余12件略有不同，钟鼓正反两侧铸有春秋时期字体铭文，记载着春秋末年䈞篙救陆浑戎于楚国以对抗晋人之事。其余 12 件钟形体逐渐减小，造型纹饰基本相同，钟腔两侧置 36 个乳钉状枚，篆、鼓、舞部为突起变形蟠螭纹，底纹为纤细的旋涡纹、绳索纹相交织。

当年的音乐考古调查小组根据铭文字体推断，这套编钟铸造于春秋晚期，放置于战国时期的墓中。考古学家李学勤根据出土资料，从考古类型学推断，音乐史学家黄翔鹏通过先秦时期的音阶发展规律分析其音阶构成，均得出第一件钟与另外 12 件钟并非同套的结论。据黄翔鹏分析，在春秋早期，统治阶级专用的宴享之乐开始以隐秘的方式使用新的六声、七声音阶。到春秋中晚期，这种新音阶被正式引入钟乐。此时，编钟的形制已转变为纽钟，镈篇便是更加完善地反映七声音阶编钟的典型代表。

钟体上的七声音阶从被发现到确认，可谓一场传奇。据第一批前往调查

河南信阳长台关 1 号楚墓出土的战国时期青铜编钟
（中国国家博物馆藏）

青铜钟发音部位示意图

钟枚

右鼓

正鼓

的小组所作的记录，这套编钟不仅与同墓出土的竹简记载的数量一致，出土时完好得"不仅没有伤裂，连轻微的侵蚀锈片也找不到"，因而推测"它的声音可能变化不大"。不仅如此，随墓出土的还有已经损坏的木质钟架、钟槌与铜质的穿钉，呈现出此组编钟悬挂、使用的方式与配件。

此前关于我国先秦乐律与音响形态的猜想大都基于对史料的发掘，而相对匮乏的先秦出土文物资料难以支持史料所陈述的那般绚繁。因此，酓篙编钟的出土意味着我国第一次有机会可以还原先秦编钟的全貌，对于当时的中国考古学界来说，是个令人震惊而兴奋的"空前发现"。

经过复原，调查小组对这套编钟进行了测音，并于1958年领命，录制完成当时红透大江南北的旋律——《东方红》。继承自3000年前华夏先祖的编钟音色典雅庄重，一经传播便得到国人的喜爱。它作为中央人民广播电台的

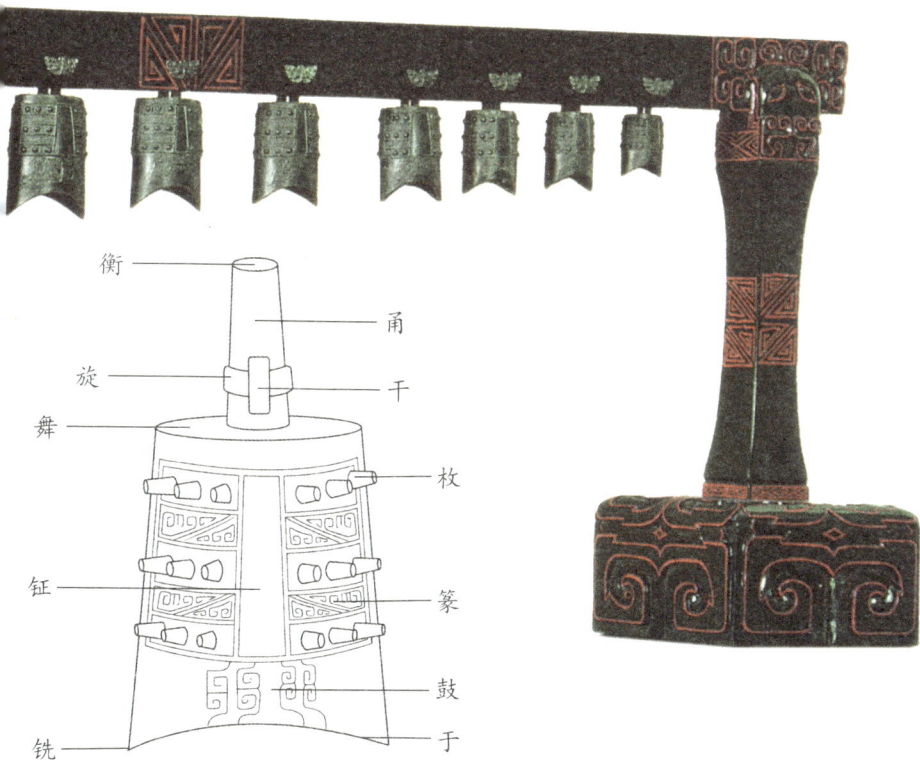

青铜钟各部位示意图

开播曲广泛流传，后又被各大车站、学校用来报时。

然而，这段录音资料在公开发布之初，却引发学术界的轩然大波。

作为调查小组成员的音乐史学家杨荫浏在测音工作完成后，于1958年初发表文章《信阳出土春秋编钟的音律》，受到了听过录音资料的学者的质疑。梁易曾撰文提出：此次发布的13个测音结果中，并未包含在实际演奏中发出的"变宫"（即唱名si）音；在反复聆听编钟版《东方红》后，认为此音"音质不如其他音响亮，音色也不如其他音优美"。这发乎细微的提问，折射出中国学者求真求实、严谨治学的底色。

的确，如同被质疑的那样，在当时，音乐考古学界对先秦编钟的认知依然停留在"一钟一音"上。在演奏录制《东方红》时，专家曾一度为"si"音的缺失而苦恼。然而在不断尝试中，专家们在第二钟的钟枚上误打误撞出这个音高，于是"不得已而为之"，将其录制进乐曲。这也就是为何录音资料中，此音显得暗淡模糊的原因。

这场不得不为之的"谎言"却开启了黄翔鹏的想象力。作为音乐考古小组的一员，1977年，他奔赴晋、陕、甘、豫四省，对考古发掘中的新石器时

湖北随州曾侯乙墓出土的战国时期青铜编钟（湖北省博物馆藏）

代、商周时期的古代乐器进行测音。在调研考察中，他逐渐觉察到先秦编钟"一钟双音"的规律。1978年，黄翔鹏明确提出"一钟双音"的看法，并指出先秦编钟的正鼓音与右鼓音呈"纯律小三度"，引发学界激烈讨论。同年，战国时期的曾侯乙墓编钟出土，这套年代稍晚、规制更为复杂的大型编钟，钟体刻有明确铭文，标注出钟体上双音的位置，实证了黄翔鹏推论的正确性。

1980年，中国科学院声学研究所对长台关1号楚墓腊篙编钟的正鼓音、侧鼓音进行重新测定，黄翔鹏对测定的频率数据进行分析排定。对这套著名编钟的研究，自此更加深入。

长台关1号楚墓编钟测音结果

单位：音分

序号	出土编号	正鼓音	侧鼓音
1	1-119	b^1+84	$^\#d^2+23$
2	1-120	$^\#c^2-5$	$^\#e^2-29$
3	1-121	$^\#d^2-7$	f^2+32
4	1-122	f^2+9	a^2+36
5	1-123	$^\#g^2+5$	b^2+17
6	1-124	$^\#a^2-7$	$^\#c^3-45$
7	1-125	b^2+24	d^3+16
8	1-12	$^\#c^3+7$	$^\#e^3-50$
9	1-13	$^\#d^3-11$	$^\#f^3+5$
10	1-14	$^\#f^3+37$	$^\#g^3+17$
11	1-15	$^\#g^3+21$	$^\#b^3-8$
12	1-16	$^\#a^3-10$	$^\#c^4+76$
13	1-17	$^\#d^4-57$	$^\#f^4-78$

（资料来源：《中国音乐文物大系·北京卷》）

⊙ 同一个世界，同一个时代

河南信阳楚墓䤾篙编钟演奏的《东方红》，就这样成为一个时代的听觉标志，融入一代人的记忆。故而，当我国第一颗人造地球卫星"东方红一号"从太空传来这段熟悉的旋律，人们自然地认为那是䤾篙编钟的版本。这种看法持续了很多年，甚至在许多学者的回忆中，也都以为这是确凿的事实。直到 2020 年，中国国家博物馆推出"永远的东方红——纪念'东方红一号'卫星成功发射五十周年"云展览，展出"东方红一号"的乐音装置，卫星版《东方红》是电子音乐的事实才大白于天下。然而，对于"东方红一号"乐音装置设计者刘承熙来说，记忆中北京火车站鸣响的编钟版《东方红》，的确是他最初灵感的启发。

"东方红一号"卫星乐音装置
（图片来自中国国家博物馆"永远的东方红——纪念
'东方红一号'卫星成功发射五十周年"数字展览）

"东方红一号"卫星发射升空

　　1970 年，"东方红一号"成功升空，中国成为继苏、美、法、日之后，第五个独立自主研制和发射人造地球卫星的国家。卫星播放的乐曲《东方红》不但响彻太空，更是经由中央人民广播电台的转播，传遍大街小巷。

　　据记载，在"东方红一号"上使用电子音乐的方案，在设计之初以"采用可靠性高、工作寿命长、消耗功率小、乐音悦耳嘹亮"的优势胜出。此台乐音装置于 1967 年研发成功，生成的电子乐段时长 40 秒，选取《东方红》乐曲前 8 个小节，重复演奏两遍，用到 6 个乐音。装置中 6 个高稳定度振荡器分别生成 6 个音高基频，并混以谐波来模拟合成钢片琴的音色，按照程序实时触发和衰减，将这 6 个乐音合成为电子音乐。

　　钢片琴是发明于近代的西方乐器，电子音乐艺术是西方现代工业社会发展的产物。相较之下，显然古老编钟的音响更符合卫星设计者们的审美，也更能契合当时中国在政治、外交上的迫切需求。然而，最终未能实现的原因是受技术条件的制约。可以想象，这个方案是妥协于技术现实的第二次"不得已而为之"。

真实的历史有着惊人的注脚能力——在如此重大的播放场景中，在寻求表达对传统文化敬意的同时，我们一方面实现了自身的目标，另一方面又无意识地牵手西方音乐"超越传统，打破束缚"的时代美学。

近现代以来，来自西方的考古学、录音技术、现代乐理与中国传统乐理、文献学等交相辉映，碰撞出思考的灵光。音乐考古研究在这一过程中，经由借助西学研究方法为工具，逐渐摆脱对西学论断的依赖，绽放出自主思想的光芒。在这样的路径中，中国古代音乐的音响正在被慢慢复原，逐步找到自己独特的形态。

时间来到 2020 年 11 月 24 日，嫦娥五号探测器发射升空，这是我国首个实施无人月面取样返回的航天器。其上搭载了以汉、英、法、意、韩等 9 种

"东方红一号"卫星

语言演唱录制的歌曲《星光》，以独特的浪漫向世界传递着"共赢共享"的人类命运共同体理念。探测器成功返回地面后，中国国家博物馆收藏了这枚珍贵的、存储了歌曲《星光》的芯片。仿佛是历史的一次回眸，欣慰地照见《东方红》里那段白手起家、卓绝奋斗的岁月。

中国探月工程"嫦娥五号"任务采集的
第001号月球样品（中国国家博物馆藏）

"星光中国芯"数字多媒体芯片（中国国家博物馆藏）

秦琅琊刻石:

两千多年前的大一统宣言

北宋熙宁七年（1074），在密州（今山东诸城）任知州的苏轼偶然寻得一些刻石的拓片。拓片上的字体浑圆厚重、古意盎然，深深震撼了他。得知这些拓片拓自琅琊刻石，痴迷书法的苏轼遂亲往琅琊台一观究竟。此时，距离琅琊刻石刻成已过去1200多年，展现在苏轼眼前的琅琊刻石历经风雨侵蚀，已损毁严重。如此具有重大文化历史价值的刻石，若损毁不传，岂不可惜？于是，苏轼与擅写篆体的文勋强强联手，请文勋根据自己在民间搜集到的相对完整的旧拓本临摹刻石，自己则撰写跋文于其后，将临摹的刻石置于修整一新的超然台上。

琅琊刻石因苏轼的撰文而声名大振。苏轼无意间成为有史记载的第一位保护、传承秦琅琊刻石的官员，使得后世人们加大了对秦琅琊刻石的保护力度。时光流转，苏轼于超然台上所立秦篆碑及东坡跋文今皆不存。幸运的是，秦琅琊刻石历经各种劫难，最终仍然有87字残石存世，藏于中国国家博物馆。

秦琅琊刻石（中国国家博物馆藏）

⊙ 石头上的记忆

"君当作磐石……磐石无转移。"在古人眼中，石头是稳定坚固的象征，连在爱情里也希冀忠贞如石。所以不难理解，古人将石头用作一种信息载体，希望刻在石头上的文字可以跨越时空，历久弥新。

中国古代刻石种类繁多，从内容上可分为纪事刻石和经典刻石两大类。东汉大书法家蔡邕以隶书写定《诗》《书》等儒家经典刊刻于石碑上，立于最高学府太学之外，供天下读书人观摩，是谓"熹平石经"，这便是经典刻石的代表。而秦琅琊刻石则是纪事刻石的代表。

东汉"熹平石经"残石
（中国国家博物馆藏）

⊙ 秦王扫六合，琅琊纪功业

琅琊台是一处气势宏伟的秦代高台遗址，位于山东省青岛市黄岛区西南海滨。"琅琊台"一名最早见于《山海经·海内东经》："琅邪台在渤海间，琅邪之东。"在时间长河中，琅琊台静静地承载着一位帝王的伟业与骄傲。公元前221年，秦始皇完成了统一中国的大业，自称"始皇帝"，开启了中国统一的多民族国家发展的历程。据史料记载，秦始皇统一六国后，曾五巡天下，三次登临琅琊台。公元前219年，秦始皇第二次巡游天下，他登临琅琊山，修筑琅琊台，并刻石颂扬他统一中国的功绩，琅琊刻石由此诞生。

早在先秦时期，我国就逐渐形成以炎黄华夏为凝聚核心、"五方之民"

共天下的交融格局。但在秦统一六国后，却面临着诸多实际困难：各地语言文字不同，一份通行全国的诏书不能让所有人看懂，政令贯彻大打折扣；各地车道宽窄不一，车辆轨距混乱，车辆无法通行全国；各地计量单位不一，度量衡混乱，阻碍了工商业的发展……为扭转这一局面，秦始皇颁布了一系列政令，最终实现"今天下车同轨、书同文"的理想，为后世各民族沟通往来和文化交融搭建了坚实的载体。这一系列功绩，都被记载在琅琊刻石上。

始皇廿六年诏版拓片

秦始皇像

刻石纪事并非秦始皇首创。从战国起，秦国记录重大事件的载体便以刻石居多。明确为先秦刻石的有秦始皇先祖秦景公的"秦公一号大墓"中出土的纪事石磬，以及唐代在陕西所出的秦石鼓。秦始皇东巡刻石，正是继承秦地刻石纪事的传统。

战国时期秦石鼓
（故宫博物院藏）

琅琊刻石记载了秦统一中国后废分封、设郡县、车同轨、书同文、明法度、统一度量衡以及重农抑商等诸多重大举措，是了解秦代统一事业的重要文献。其内容分两部分：前半部分记述秦始皇统一天下的功绩以及从臣姓名；后半部分记录李斯随同秦二世出巡时上书请求在秦始皇所立刻石旁刻诏书的情形。今存的琅琊刻石为后半部分，残存 13 行、87 字，为公元前 209 年秦二世补刻的诏书及其从臣姓名，字迹漫漶。内容如下：

五大夫□□

五大夫杨樛。

皇帝曰："金石刻尽始皇帝所为也。今袭号而金石刻辞不称始皇帝。其于久远也。如后嗣为之者，不称成功盛德。"

丞相臣斯、臣去疾、御史大夫臣德昧死言："臣请具刻诏书金石刻。因明白矣。臣昧死请。"

制曰："可。"

琅琊刻石的前半部分内容可以在《史记·秦始皇本纪》中看到，即所谓"皇帝之功，勤劳本事。上农除末，黔首是富。普天之下，抟心揖志。器械一量，同书文字。日月所照，舟舆所载。皆终其命，莫不得意。……"，书同文、车同轨、量同衡等大事件都真切地记录其中。

那么琅琊刻石上的这种"书同文"标准小篆字体，又出自谁之手呢？

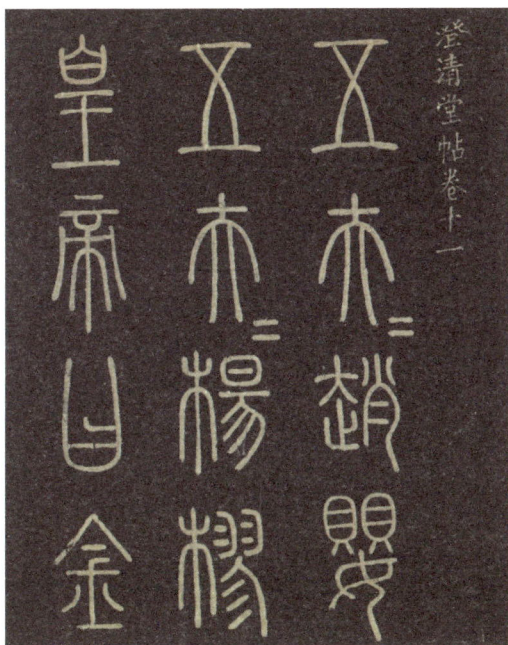

《澄清堂帖》卷十一收录的琅琊刻石
宋拓本局部（中国国家博物馆藏）

⊙ 小篆创始人李斯：一代"秦漂"的偶像

"楚人立志出乡关，功成名就在秦国"，这是一代秦相李斯的人生写照。公元前 237 年，因水工郑国事件，秦王嬴政发布逐客令，下令驱逐所有客卿。从政生涯即将走到终点的李斯挥笔写就《谏逐客书》，凭一己之力化险为夷，打消了嬴政逐客的念头，从此仕途畅通无阻。

秦统一六国后，急需一种通行全国的官方文字。李斯奉命制作这种标准字样，他在籀文大篆的基础上进行整理、规范及改造，创制了小篆。古文字学家高明在其《中国古文字学通论》中，将李斯改造文字的过程作了总结：固定各种偏旁符号的形体；确定每种形旁在字体中的位置；每字形旁固定，彼此不能代用；统一每字的书写笔画数。除此之外，小篆还有左右对称、形体稍长、内部空间距离相等的形体特征。

李斯所书小篆从此成为后世文人书家学习篆书之佳范。从《澄清堂帖》收录的琅琊刻石宋拓本可以看出，琅琊刻石结字严谨、工整瘦长、古厚圆浑，对称中蕴含飘逸秀美。唐代著名书法理论家张怀瓘在《书断》中将李斯所书小篆定为"神品"，赞曰："李君创法，神虑精微。铁为肢体，虬作骖骓。江海淼漫，山岳峨巍。长风万里，鸾凤于飞。"

巍巍中华，六合同风，九州共贯。数千年屹立，数千年风霜。琅琊刻石向今人展现了当年的秦之伟业：书同文、车同轨、量同衡、行同伦，开启中国统一多民族国家的发展历程，展开"五方之民"及其后裔不断交往交流交融的历史画卷，也为中国书法留下绚丽的艺术财富，滋养了一代又一代中国人。

胡傅温酒樽：
金樽美酒上的民族交融华章

　　在山西博物院的"民族熔炉"展厅内，一对光彩夺目，名为胡傅温酒樽的圆柱形鎏金铜樽备受瞩目。铜樽器身遍布精美的图案，既有草原山林中的虎豹熊罴、骆驼羚羊，也不乏中原文化中的九尾狐、羽人、仙兔等神话生物。到底是什么原因使得中原元素与草原风情同时出现在这件铜樽上？

⊙ 右玉县"重生"的"双生子"

　　1962年9月，山西省右玉县大川村生产队的党支部书记和村中儿童在村子南部佛殿坪的山沟中，发现了一批极为精美的铜器，随后这批铜器被运回山西省文物工作委员会。在这批铜器中，最特别的就是这一对如同孪生兄弟的温酒樽。温酒樽的口沿和器盖下的子唇外沿均刻有汉隶铭文"中陵胡傅温酒樽，重廿四斤，河平三年造"，另一件多刻一个"二"字。

　　根据温酒樽上的"河平三年"铭文可知，它们是在西汉河平三年（公元前26）被铸造而成的。"河平"是汉成帝刘骜的第二个年号，其在位时间为公元前33年至公元前7年，见证了西汉中期的繁荣与变迁。这对温酒樽不仅是汉朝工艺美术的杰出代表，也是那个时代静默的见证者。铭文中的"中陵"是地名，属于并州刺史部雁门郡，位于今山西省右玉县南部。而温酒樽出土的地点正是在右玉县大川村，在汉代属于中陵县，铭文所记载的地名与出土地点相吻合。

　　西汉时期，雁门郡地处汉朝的北方边陲，与匈奴相连。为使边塞和谐稳定，西汉王朝采用了诸多有效的民族政策，为日后中原王朝的民族政策奠定了制度基础，其中最为突出的是和亲政策和纳质制度。汉成帝时期，匈奴复株累若鞮单于继承其父呼韩邪单于之位，仍娶王昭君，并遣子入侍汉朝为质。

　　和亲的同时，汉朝向匈奴提供物资，并且开放边境市场。如《汉书·匈奴传》记载："明年，单于上书愿朝。河平四年正月，遂入朝，加赐锦绣缯帛二万匹，絮二万斤，它如竟宁时。"在两汉时期，面对边疆少数民族，特别是内附群体，朝廷采取了一系列优待政策，加强了汉族与少数民族之间的融合，实现了国家的长期安定。这些政策不仅体现了两汉对内附胡人的宽容和包容，也展现了古代中国在处理民族关系上的智慧和策略。《汉书·成帝纪》记载："四年春正月，匈奴单于来朝。……二月，单于罢归国。"而铸造胡傅温酒樽的"河平三年"，正是匈奴和西汉王朝和平相处的年代，其制造的地点，同样也是游牧文化和农耕文化交汇融合之地。

　　右玉地区自古便是中原农耕与北方游牧文化汇流之处，是中国古代文化融合的重要舞台。作为辽西、中原与河套三大文化区的汇聚点，其影响力远远超出了地理范围，推动了中国历史的进程。

山西右玉大川村出土的西汉胡傅温酒樽及局部
（山西博物院藏）

⊙ 华美纹饰呈现的文化交融

酒樽的历史可追溯至战国时期。汉代，酒樽的使用更为盛行，其用途也更为广泛，不仅用于盛装酒水，还可用来温酒或保持酒香。

胡傅温酒樽通体鎏金，少部分鎏金磨损，露出底部的铜胎，仔细观察可以看到器身上的磨损划痕。器身通高24.5厘米，口径23.4厘米，壁厚0.4厘米。下为三熊足，腹部两侧有对称的铺首衔环。三熊足作蹲踞状，两爪置于膝部。铺首衔环为兽面纹，头戴三山冠。

胡傅温酒樽器盖外区的凤形纽

器身上的图像以圆润有力的浮雕刻模法铸成。器盖上有两圈环带，一条是器盖的边缘，另一条在器盖中部，将器盖纹饰分为内外两个区域。内区器盖中央为柿蒂纹，顶部有一提环，柿蒂纹外对称有两虎和两短尾兽（或为罴，熊的一种）。虎身上雕刻有条纹，短尾兽做回首状，身上刻有拟毛发的点痕。外区有三个凤形纽，呈120°角平均分布，将外区均匀分为三个区域，纽之间各有一条龙，采用浅浮雕加阴线刻的手法表现。龙躯中间一小段没于水下，并刻画了水的波纹，极富动态地描绘了龙潜入水下又浮出水面的状态。器盖内残存有彩绘鸟兽纹，首先用墨线双勾，然后再装填彩色，最后施一层朱漆。

器身的图案被一条环带分为上、下两部分，周身装饰着精致的动物图样，刻画细腻，神

胡傅温酒樽器盖上的出水龙纹

态生动，每一个细节都饱含着力量与美。器身上的动物形象分为两类：一类是较为写实的动物形象，如虎、熊、鹿、骆驼、鸟、猴子、猎豹、牛、羊，其中牛、羊、骆驼是中国北方游牧民族财富的主要象征，特别是双峰驼图案的出现，更是西汉时期中原与西域贸易往来频繁的例证；另一类是羽人、九尾狐、凤鸟、手持仙草的异兽等传说中的形象，生动地反映了汉代的升仙信仰。

胡傅温酒樽器身上部的双峰驼和凤鸟等图案

胡傅温酒樽器身下部的羽人形象

胡傅温酒樽上精细雕刻的纹饰，不仅展现了北方草原山林中的野兽，体现了游牧民族对自然界深刻的观察与尊重，也细腻刻画了汉代神话中的神仙形象，描绘了汉人对超凡脱俗、追求长生不老的向往。这种艺术上的融合，不仅是一种形式上的结合，更是深层次文化观念和审美理念的交流与融合，体现了汉代中原文明与周边游牧民族之间广泛而深入的文化互动。在这片古老的铜胎上，每一处纹饰都如同一座桥梁，连接着不同文化，让我们得以窥见那个时代文化艺术交融的瑰丽景象。

胡傅温酒樽器身纹饰展开图

⊙ 温酒樽背后的民族交融

在古代中国的浩瀚历史画卷中，胡傅温酒樽以其别致的魅力，讲述着民族融合的故事，见证了汉朝时期中原与游牧民族之间的文化交流与相互启发，边疆的粗犷与中原的精致相互映照。铜樽上虎豹与羚羊的共舞，九尾狐与羽人的共鸣，不仅仅是自然与神话的交织，更是一个关于中原与边疆、农耕与游牧深层次交流的故事。

自古以来，中国各民族在地理上交错而居，文化上相互吸纳，经济上依存共生，情感上紧密相连，形成了多元一体格局。胡傅温酒樽作为这段历史的见证者，展示了中华文明的连续性和中华民族的包容性与和平性，也使我们得以窥见古代中央统治者在民族政策上展现的智慧,使不同文化互相学习、共同发展，不仅增强了国家的凝聚力，也丰富了中华文化，为中华文明的持续繁荣注入了活力。

"中国大宁"铜镜：

小小铜镜里的家国情怀

铜镜是我国古人的一项重要发明。它从最初的礼器发展到日常生活中的实用器，经过时间的沉淀，又被赋予更多深层次的含义。"以铜为镜，可以正衣冠；以古为镜，可以知兴替；以人为镜，可以明得失。"这是唐太宗对名相魏徵的评价。镜子的功能被引申出以史为鉴、以人为戒的警示意义。

铜镜制作精良、形态美观、图纹华丽、铭文丰富，是我国古代文化艺术遗产中的瑰宝。透过表象，不同时代的铜镜反映出各自时代的使命和精神，更可鉴国家之盛衰。

⊙ 水光反照，镜起之源

镜子源起何时？从考古学研究看，有受盆水映面启迪而发明的"鉴来"说，有由集光取火的工具阳燧演化成照面用铜镜的"阳燧来"说，有受铜刀、铜斧、铜泡*等表面光滑反光金属器启发而发明的"青铜器来"说，等等。

铜镜的起源，可以从文字说起。西周早期甲骨文中的"监"字，其字形像一人跪或立在盛水的器皿旁。金文中的"监"字，容器中加了一"横"，代表器内有水，可以反射照容。"监"亦通"鉴"，"鉴"又同"鑑"，就是古时用以盛放水或冰块的青铜大盆。或许古人在无意间低头探照，发现水面或打磨较光滑的盆底可以映照面容，故"鑑"逐步演化为指照形用具。"鑑"与"镜"读音相仿，后称为镜。清代徐灏在《说文解字注笺》中说："鑑，古祇作堅，从皿以盛水也。其后范铜为之，而用以照形者，亦谓之鑑，声转为镜。"

甲骨文"监"　　　　　　　金文"监"

我国是世界上最早使用青铜镜的国家之一。中华人民共和国成立以来的考古发现证明，位于黄河上游甘青地区、距今约 4000 年的新石器时代晚期的齐家文化先民已经开始使用类型不同、铸有纹饰的铜镜。目前已知的齐家文化铜镜有 3 面。一面是 1975 年甘肃省广河县齐家坪遗址出土的素镜。该镜镜背无任何纹饰，直径 6 厘米、厚 0.3 厘米，中心铸有弓形小纽。一面是 1976 年青海省贵南县尕马台 25 号墓出土的七角星纹镜。该镜直径 8.9 厘米、厚 0.3 厘米，纽已残损，镜边缘凿有两个不规则的小孔。还有一面是相传出土于甘肃省临夏回族自治州的重轮星芒纹铜镜。该镜直径 14.6 厘米、厚 0.15 厘米，上铸弓形纽，无纽座。镜面略凸，镜背三重凸弦纹圈将镜背分为内外双轮，分别饰十三角和十七角星芒纹。

---

*铜泡：古代常见的一种装饰物，一般用在衣服、马具或箱子上。

齐家文化的 3 件铜镜皆为圆形，且尺寸较小。从使用价值看，其中七角星纹镜镜缘处有两个小孔，出土时发现有类似细绳穿过的痕迹，由此可以推测其用途之一就是悬挂或作为配饰之用。齐家文化时期，原始宗教活跃，巫祝文化盛行，巫师在祭祀或做法时，会将各式铜镜穿绳佩戴在身上，通过铜镜背面特殊的符号印记和铜镜本身类似盾牌的作用，达到驱邪除魔的目的。我们大致可以推断这 3 面齐家文化铜镜主要是作为祭祀时使用的法器，或者作为带有某种特殊意义的配饰，悬挂佩戴使用。这也反映出早在 4000 年前，居住在黄河流域的先民已经对美好生活有了发自内心的憧憬。

⊙ 家国情怀，"中国大宁"

自古以来，除了用作祭祀占卜时的法器，镜子也被用作祈福用具。汉代是我国古代大一统国家发展和巩固的重要时期，也是继战国之后铜镜的第二个发展高峰。从出土的汉代铜镜来看，不仅数量较前代大幅增多，铸造质量和工艺技术有较大提高，纹饰风格也有所创新，尤其是带有美好祝愿和祈福的镜铭开始流行。汉镜铭文承载着丰富的文化内涵，具有极高的史学和文学价值。

齐家文化重轮星芒纹铜镜
（中国国家博物馆藏）

汉代王氏十二辰博局纹铜镜
（中国国家博物馆藏）

汉代"周氏作竟"车马人物画像铜镜
（中国国家博物馆藏）

1952年，湖南省长沙市北郊伍家岭211号西汉墓出土了一面鎏金铜镜。此镜直径18.6厘米，缘厚0.6厘米。圆形、圆纽，四叶纹纽座，间饰兽首纹。纽座外围有双线方框。镜背纹饰由一周双线弦纹分为内外两区，弦纹上分布四凹圆点，与双线方框之四角相对。方框外饰博局纹中的"T"形纹，间饰羽人、玄武、朱雀、瑞兽等。博局是当时从宫廷到民间都十分流行的棋类游戏，棋盘也因此常常被当作镜子上的装饰纹样。镜背间铸52字秦小篆铭文："圣人之作镜兮，取气于五行。生于道康兮，咸有文章。光象日月，其质清刚。以视玉容兮，辟去不羊（祥）。中国大宁，子孙益昌。黄常（裳）元吉，有纪刚（纲）。"镜主人揽镜骋思，胸怀家国，祝福祖国国泰民安，祝愿家族日益兴盛之情跃然镜上。这也是铭文里较早出现"中国"一词的铜镜之一。

湖南长沙伍家岭211号西汉墓出土的"中国大宁"瑞兽博局纹鎏金铜镜及拓片
（中国国家博物馆藏）

公元前221年，秦始皇统一中国，建立起中央集权的多民族国家。继之而起的汉代经汉初"无为而治"，到"文景之治"，再到汉武帝时"罢黜百家，独尊儒术"，军事上更是有卫青、霍去病等名将英勇抗战，北击匈奴、西通西域，国家出现繁荣局面。

"中国大宁，子孙益昌"铭文

　　西汉名将霍去病是大将军卫青的外甥，二人关系亲厚，曾多次一起出征。霍去病善骑射，是位少年英雄，18 岁就成为皇帝的侍中。元狩二年（公元前121）的春天，皇帝任命霍去病为骠骑大将军，征战陇西。这一战不仅使汉朝控制了河西地区，更为日后与西域互通打下良好基础。此后，霍去病多次出击匈奴，有漠南之战、漠北之战，封狼居胥。班固在《汉书·叙传》赞其："票骑冠军，猋勇纷纭，长驱六举，电击雷震，饮马翰海，封狼居山，西规大河，列郡祁连。"元狩六年，年仅 24 岁的霍去病英年早逝。汉武帝对他的死万分悲痛，不仅调遣边境五郡的铁甲军为霍去病列阵，还将其坟墓修葺成祁连山的样子，以彰显霍去病的军功。

位于陕西兴平的霍去病墓

随着汉代疆域的拓展，各地物质文化交流的扩大，社会日趋繁荣。带有"中国"二字铭文器具的制作，正是大汉盛世的表现。这些铭文器具表达着先民的思想，包含着对国家统一、社会安定、百姓富足安康的美好祈愿。在中华民族5000多年的文明史上，民族团结、社会安定、国家统一、文化传承始终是发展的主流，更是人心所向。

从汉代先民制造的"中国大宁"铜镜，到今天习近平总书记在党的二十大报告中强调要"铸牢中华民族共同体意识"，反映出我国人民向往民族团结、祈福国泰民安的心愿和情怀从古至今一直未变，至今熠熠生辉。

昭君镜：

映照一脉相承的"中国"故事

汉元帝竟宁元年（公元前 33），王昭君和亲匈奴。此后数十年间，汉朝与匈奴免于边境争端，昭君出塞的故事也成为中国文学史上一个长盛不衰的题材，由此演绎出丰富的文学影视作品。2020 年，从盗掘者手中追回的一面东汉铜镜引起国内学界和收藏界的关注，这面铜镜上不仅刻有"中国"与"匈奴"的铭文，还是目前所知最早记载昭君出塞故事的文物。

这面铜镜首次亮相是在 2021 年 4 月清华大学艺术博物馆"万物毕照：中国古代铜镜文化与艺术"大展上，专家们将之定名为"昭君镜"。除了记录昭君出塞推动民族融合的故事，昭君镜还映射了一个怎样的时代，讲述了一个怎样的"中国"故事？

⊙ 昭君镜照昭君出塞

昭君镜制作于东汉，直径 21.5 厘米、缘厚 1.2 厘米、重 1434 克。镜背

中心为扁球形纽，纽座为 13 枚乳钉环绕，间以
铭文的 12 个字"仲作，宜侯王，复（服）此
竟（镜）者大富昌"为制作者名称及吉语。镜
内区中部有 4 枚乳钉，将图像分割为 4 组扇形
区域，每一区域均布置人物车马画像，并具榜
题，铭文分别为王诸君、大皇后、胡王车、胡
主簿。铜镜外区刻有长铭，形式为七言诗，共
70 字，内容为："孟春正月更元年，胡王陛见
赐贵人。后宫列女王昭君，隐匿不见坐家贫。
待诏未见有（又）失神，长迫受诏应众先。倍
（背）去中国事胡人，汉召单于匈奴臣。名王
归义四夷民，兵革不用中国安。"铭文中所记
载的历史背景与《汉书·元帝纪》《汉书·匈
奴传》中"乎韩邪单于来朝""改元为竟宁""王
墙字昭君赐单于"等事实吻合。

⊙ "中国"早已深入人心

昭君镜铭文两次写到"中国"：一是王昭
君"倍（背）去中国事胡人"，二是"兵革不用
中国安"。昭君镜不仅是已知存世最早的一件记录
昭君出塞故事的文物，还是一件明确将中原王朝与匈
奴相对，自称"中国"的珍贵实物证据。和亲政策的本质
是促进民族间的友好关系和经济文化交流，巩固天下一统，
强盛中国。昭君镜的发现，让我们能更深刻地理解中华民族发展
史上"中国"这一概念形成的历史和文化渊源。

东汉昭君镜（图片摄于清华大学艺术博物馆）

明代仇英《明妃（昭君）出塞图》
（故宫博物院藏）

人类历史上曾有过古罗马与秦汉文明交相辉映的黄金时代。但是，走过5000多年历史长河，唯有中华文明延传于世，这与"中国"诞生的历史根基及其悠久的文化传承分不开。考古学家刘庆柱认为，中国的核心文化基因是"中"，"中"是东南西北的汇聚，"中"就是根。天下之中生成了"中国"这个概念。商武丁（公元前1250～前1192）时期，"中"字的写法是有一竖杆，上下各有两条旗帜飘动，方口为立中之处，其字形为氏族的一种徽帜，表意"中心"。到了商武乙、文丁（公元前1147～前1102）时期，内容涉及战争的甲骨上出现了"國"字——戈为兵器，口为土地，表示以武力保护土地。

经考证，"中国"两字明显传承自殷墟的甲骨文体"中"和"国"。西周早期青铜器何尊上的"宅兹中国"铭文，是目前文物上发现较早的"中国"二字。此后，汉字"中国"一直传承着中国人的共同价值观。从文化史上看，至少从3000多年前开始，"中国"二字就被赋予"求中、择中"的价值传统。比如，夏商周三代都城以

内蒙古包头召湾出土的西汉"单于和亲"瓦当
（内蒙古博物院藏）

中岳嵩山地区为"天地之中"，随着国家空间范围扩大，以嵩山为中心的"大中原"范围扩及鲁西南、关中东部、晋南及河南大部。唐宋之前的各个"大一统"王朝都城基本在长安与开封之间的东西轴线上。

⊙ 史书里的"中国"

较早使用"中国"一词的文学作品是《诗经·大雅·民劳》："……惠此中国，以绥四方……惠此京师，经绥四国。"这句诗是规劝暴君周厉王，让他先爱护京都人民，然后再以此安定天下。

至春秋战国，"中国"的含义已扩展到包括各大小诸侯国在内的黄河中下游地区。"中国"也泛指诸夏或华夏族居住的地区或建立的国家。如《孟子》中，齐王对臣下时子说："我欲中国而授孟子室。"汉代开始，人们常把中原王朝称为"中国"，少数民族建立的中原王朝也自称"中国"。《史记·孝武本纪》记载："天下名山八，而三在蛮夷，五在中国。"《史记·东越列传》记载："东瓯请举国徙中国。"有意思的是，南北朝时期，南朝自称"中国"，把北朝叫作"魏虏"；北朝也自称"中国"，把南朝叫作"岛夷"。辽与北宋，金与南宋，彼此都自称"中国"。

⊙ 昭君镜映照的时代价值

昭君镜映照着一个天下一统的时代。汉武帝就明确将"中国"与大一统相联系。《汉书·武帝纪》记载，西汉元朔六年（公元前123）六月，汉武帝诏曰："今中国一统而北边未安，朕甚悼之。""中国"一词在历史上虽被广泛使用，但历代中原王朝从未用"中国"作为国号或朝代名称。只有一个特例，那就是1095年，地处西南的大理国高升泰当政后，改国号为"大中国"，其制度、文字等都继承了汉文化。

纵观历史，3000多年来，"中国"二字一直传承着中华民族的共同价值。时间维度上看，中华5000多年文明史，不同朝代缔造了大一统国家格局，使我们有了共同的历史。从地缘维度上看，"中国"已从中原的"中国"发展为中国的"中国"，使我们有了共同的家园。从内容维度上看，中国人对物质文化和精神文化的追求是一以贯之的，其本质就是对美好生活的向往，使我们有了共同的追求。

例如，经世济民一直是中国独有的传统，也是中华文明独有的文化基因。《尚书》记载了尧舜时代管理农业和手工业的官职，以及他们的主要任务，并提出为政之"善政、养民、正德、利用、厚生、惟和"等主张。此外，还有墨子的"民以食为天"，荀子的"田野县鄙者，财之本也"，商鞅强调的"圣人知治国之要，故令民归心于农"，贾谊的"以末予民，民大贫；以本予民，民大富"等理念，以及历史文献记载的商朝武丁盛世，西周成康之治，汉朝文景之治、武帝盛世、昭宣中兴、光武中兴、明章之治，南北朝元嘉之治，唐朝贞观之治、开元盛世，宋朝嘉祐之治，明朝永宣盛世，清朝康乾盛世等时期的重大历史事件，无不反映出执政者担当了经世济民的角色。

习近平总书记在文化传承发展座谈会上强调，中华文明具有突出的统一性，从根本上决定了中华民族各民族文化融为一体、即使遭遇重大挫折也牢固凝聚，决定了国土不可分、国家不可乱、民族不可散、文明不可断的共同信念，决定了国家统一永远是中国核心利益的核心，决定了一个坚强统一的国家是各族人民的命运所系。在每个重大历史时刻，每个人，包括弱女子"王昭君"们，都在担当着"中国"二字赋予的使命，为家、为国、为今天、为未来——这也是昭君镜带给我们的启迪。

"王侯"文鸟兽纹锦：

早期西藏与中原交流往来的考古实证

在西藏博物馆"雪域长歌——西藏历史与文化"基本陈列中，有一件"王侯"文鸟兽纹锦格外引人注目。这是青藏高原地区发现的最早的丝绸实物，也是西藏考古首次发现的丝织品。织锦上织有"王侯"汉字字样，具有明显的中原风格。这件织锦究竟产自何地，背后又有着哪些不为人知的故事呢？

⊙ 1800 年前的织锦，源头在中原

2005 年，在西藏自治区阿里地区噶尔县门士乡，一辆载重汽车从故如甲木寺门前经过时，压塌了一段路面，露出一处坑洞。寺庙的僧人随即对洞穴进行处理，发现了木棺、人骨、丝织品及铜器等珍贵文物。根据出土文物情况，考古人员初步证实此处为一座墓葬。

2012 年，中国社会科学院考古研究所与西藏自治区文物保护研究所联合对这处墓葬进行考古发掘，并在邻近地区又发现 3 座古墓，合称为"故如甲

木墓地"。"王侯"文鸟兽纹锦即出土于此。这件织锦呈长方形,长44厘米、宽25厘米,底为藏青色,纹饰为黄褐色,自下而上为3层循环图案。织锦上有隶书汉字"王侯""宜""羊王"等字样,并织有龙、虎、玄武、对鸟、麒麟、朱雀6种鸟兽的纹样,故得名"王侯"文鸟兽纹锦。

据碳-14测年显示,这件织锦的制作年代在公元2~3世纪,正是我国的汉晋时期。类似字样及鸟兽纹的织锦,考古人员之前在新疆营盘墓地和吐鲁番阿斯塔那墓地也有发现,而新疆墓地年代为汉晋时期,这也为故如甲木墓地及织锦的年代提供了佐证。

从考古发现的实物看,至少在西周时期,中原地区就已出现织锦,战国时期织造工艺得到很大发展。至两汉,织锦在技术和艺术上都达到了巅峰:织物细致紧密,质地厚实坚韧,花纹大气,色泽绚丽。

考古人员经多方考证,认为这件出土于西藏的织锦应该是在中原地区生产的。首先是外形初观,织锦上的汉字"王侯""羊王",鸟兽纹中的动物造型等元素,均显示了这件织锦与中原地区存在联系。其次是织造技术,这是判定此织锦产自中原地区的最根本的依据。从技术特征看,这件织锦具有

西藏阿里故如甲木墓地出土的汉晋时期"王侯"文鸟兽纹锦
(西藏博物馆藏)

明显的中原丝织品特点，采用了汉代中原地区典型的经线显花织法。同时，这件织锦是用蚕丝织成的平纹经锦，重叠的丝线根数多，经纬线紧密度高，织造难度大。当时，西藏地区并不产蚕丝，因此无论是从自然环境还是技术角度来看，西藏都不具备生产此类织锦的条件。

"王侯"文鸟兽纹锦的鸟兽纹样复原图

⊙ 见证西藏与中原地区的交流往来

既然这件织锦产自中原地区，那么，它又是如何进入西藏的？

织锦等珍贵文物的出土，揭开了阿里地区尘封千年的文化记忆，也让消亡千年之久的象雄古国重回人们的视野。

象雄，史称"羌同""羊同"，是汉晋时期青藏高原上的一个古老侯国。唐代杜佑《通典》中记载："大羊同，东接吐蕃，西接小羊同，北直于阗，东西千余里，胜兵八九万人。其人辫发毡裘，畜牧为业。地多风雪，冰厚丈余。"象雄拥有独特的象雄文，是西藏苯教的发源地，深刻影响了吐蕃以及西藏社会的各个方面。

史载，象雄王侯曾向唐王朝遣使朝贡。《唐会要》记载："（大羊同）贞观五年十二月，朝贡使至。十五年，闻中国威仪之盛，乃遣使朝贡。太宗嘉其远来，以礼答慰焉。"学者依据文献记载和相关考古实物推测，制作精美、带有"王侯"汉字的织物应是中原王朝赐予边疆地区各族首领的信物。同时，这件织锦上的"羊王"字样可能寓意"羊同之王"。这就为"王侯"文鸟兽纹锦流入西藏提供了合理的解释。

关于织锦进藏路线，学者也作了推断。研究发现，这件织锦与新疆地区出土的同时期丝织物上的兽纹和隶书汉字字样非常相似，说明两者可能存在内在联系。因此，极大的可能就是，这件"王侯"文鸟兽纹锦在中原地区织造作坊完成后，从长安出发，一路向西，经过丝绸之路上的新疆南部，通过河谷和山口，最终来到阿里地区，到达"羊王"的手中。

自古以来，青藏高原就并非一个封闭的区域，与中原地区以及中亚、西亚、南亚等地都有交流与往来。这件出土织锦是早期西藏西部与中原地区交往交流交融的重要考古实证，也展现了汉晋时期宏大的交通网络与文化辐射能力。

中国马镫：
让欧洲跨入"骑士时代"

马镫是供骑马人在上马时用来踏脚的马具，大多用铁制成。最早的马镫是单边的，后来逐渐演化成双边，其最大功能是解放双手，大大提升了骑兵的战斗力。

根据考古发现，我国最迟在西汉时期就有了铁马镫的替代物——布马镫，这从西汉壁画中可见一斑。在经过东方游牧民族的传播后，西方人逐渐装备马镫，从而诞生了新的社会阶级——中世纪的骑士贵族阶级。

⊙ 马镫是晋代最重要的发明

从晚商到春秋时期，马在中原地区主要用来牵引马车，少有骑乘。有分析认为，主要原因在于缺少骑乘类马具。南北朝以前，上层社会出行礼仪讲究乘车，有车而骑马是失礼的行为。不尚骑乘也与没有马镫、骑乘难度大有关。此外，人们认为骑马的姿势与踞坐的姿势类似，心理上较为排斥。因此，非军事需要，官员出行都是乘车而不骑马。

推动马具改进、完善的最大动力是战争。古代早期兵种主要为步兵、车兵。随着骑兵的发展，车兵逐渐消失并被骑兵取代，这与马具的发展变化有着一定的关系。

我国古代骑乘用马具的发展分产生、发展和成熟三个阶段：产生于战国末年至秦汉，约公元前3～2世纪；发展于两晋南北朝，约3～6世纪末；成熟于隋代以后，即7世纪后。

一套完备的马具，是由辔头（包括络头、衔镳、缰绳）、鞍具（包括鞍、鞯和障泥）、胸带和鞦带

长沙西晋晚期墓出土的骑马陶俑（中国国家博物馆藏）

组成。鞍具是骑马用的鞍、镫与固定鞍的胸带、肚带以及障泥的总称。鞍具的普及和进步与骑兵的发展有着密切联系。毕竟，马鞍和马镫关系到骑兵在马上的稳定性。

晋代最重要的发明就是马镫，但西晋初只有一个马镫。最早的马镫形象的是湖南长沙西晋晚期墓中出土的一件陶马俑，俑的左侧"障泥"上塑有一个三角形马镫，专供上马踩踏用，因此也叫"上马脚扣"。

⊙ 马具发展成熟的标志：双马镫与高鞍桥马鞍

东晋十六国时期开始出现了双马镫。最早有明确纪年的双镫，是辽宁北票冯素弗（北燕宗室大臣、政治家）墓出土的一对木质、外包铜鎏金的马镫。双马镫的出现与应用，是骑具发展成熟的重要标志。双马镫不仅解决了上马难的问题，还解决了骑马奔跑过程中骑手身体不易平衡的问题，人马合一，充分运用马上的骑战技术，为骑兵的发展起到了关键的作用。

辽宁北票北燕冯素弗墓出土铜鎏金木芯马镫（辽宁省博物馆藏）

　　马具发展成熟的第二个标志是高鞍桥马鞍的出现。我国古代的鞍具出现于战国时期，1992年新疆鄯善苏贝希墓中出土的马鞍具就是战国时期的，保存得非常完好，但这时的马鞍没有鞍桥和马镫。西汉晚期，带有鞍桥的马鞍出现。低鞍桥马鞍在东汉时期广泛使用。东汉的马鞍在鞍鞯下还出现了两块宽阔下垂的障泥。

　　马镫从无到有、从单到双的发展过程与马鞍的改良基本同步。东汉末期出现的高鞍桥马鞍增加了上马的难度，也催生了马镫的出现。晋代广泛使用高鞍桥马鞍，改善了骑乘条件。北魏晚期，鞍桥的形制有了新变化，前鞍桥高且直立，后鞍桥矮且向后倾斜。这一时期，装鞍的位置也前移到更合理的位置。湖南长沙带镫陶俑上的马鞍，两头有高高竖起的鞍桥。高鞍桥实物在河南安阳孝民屯和辽宁朝阳袁台子的两座墓中出土，且是带有马镫的整套鞍具。

⊙ 完备的马具打造出铁甲雄兵

　　完备的马具为南北朝时期重甲骑兵甲骑具装的发展提供了基础。当时，骑兵使用了一种新型的防护装备——保护战马的"具装"铠。"甲骑具装"即人甲和马甲的合称，是古代重装骑兵的防护装具。据《宋史·仪卫六》记载："甲骑具装，甲，人铠也；具装，马铠也。"

　　南北朝时期，马铠成为军队中较普遍的装备，常常数以百计、千计甚至以万计。甲骑具装伴随着北方匈奴、鲜卑等

陕西西安草厂坡出土的十六国时期陶武士俑
（中国国家博物馆藏）

少数民族进入中原地区，直到隋朝，流行了 300 多年，在历史上产生了深远影响，并流传到日本、朝鲜半岛和亚洲其他地区。

甲骑具装有优势，也有劣势。优势是做了很多保护，劣势是因太多保护，影响了机动性，从而影响到骑兵的攻击力，且造价昂贵，不能大量投入使用。1995 年，辽宁北票喇嘛洞墓地出土了一套甲骑具装，现存甲片达 3156 片，每片重约 16 克，总重量达 50 千克以上。实战中再加上骑士的重量，马的负重很大，缺陷越发突出。

隋唐时期，骑兵由厚重的甲骑具装向轻装、快速、灵活的轻骑兵过渡，奠定了后世骑兵的发展方向。唐朝军队作战极少用甲骑，主力部队都是轻骑军团，甲骑被逐渐淘汰。

唐太宗昭陵六骏石刻之一的飒露紫石刻，此为藏于西安碑林博物馆的复制品，原件现藏于美国宾夕法尼亚大学博物馆

金代是历史上最后使用甲骑的朝代，金兵统帅完颜宗弼（兀术）自己也

乘坐甲骑，其护卫亲兵皆重铠甲装，号为"铁浮图"，但最终被宋朝的岳家军击败。

⊙ 马镫的东传与西播

马镫是古代传播于欧亚大陆的重要技术发明。在古代中国东北鲜卑人活动区域出土的木芯长直柄马镫是东、西方各类马镫的共同源头，这种马镫向东传播，一直流传到朝鲜半岛和日本；而马镫的西传和游牧民族柔然密切相关。

据考古发现，欧洲地区马镫的出现时间要晚于中国。鲜卑人应是最早用金属制造马镫的，宁夏固原北魏漆棺墓发现了模仿直柄木芯包铜片的铁马镫。5世纪末以后，金属马镫迅速传遍欧亚大陆。欧洲最早记录马镫的时间是580年。当时，拜占庭国王改组骑兵，明确提出必须使用铁制马镫。至此，欧洲进入了"骑士时代"。文物专家孙机曾论述："欧洲的马镫最早发现于6世纪的匈牙利。匈牙利地处东欧，与自黑海向东延伸的欧亚大草原接壤。我国发明的马镫，可能就是随着活跃在这片大草原上各族重装甲骑的蹄迹，逐步西传到欧洲的。"

马镫传到了欧洲地区，之后又传遍全世界。《不列颠百科全书》中写道："让人无比惊讶的是，人类骑兵时代的实现，居然是因为马镫的发明。"英国科技史专家李约瑟（Noel Joseph Terence Montgomery Needham）说："只有极少的发明像脚镫（马镫）这样简单，却在历史上产生了如此巨大的催化影响。"美国学者罗伯特·K.G.坦普尔（Robert K.G.Temple）将李约瑟的《中国科学技术史》简化写成《中国：发明与发现的国度——中国科学技术史精华》，在书中形象地描述说："如果没有从中国引进马镫，使骑手能安然地坐在马上，中世纪的骑士就不可能身披闪闪盔甲，救出那些处于绝境中的少女，欧洲就不会有骑士时代。"

山西太原北齐娄睿墓壁画局部，娄睿为鲜卑人，图中表现的是着鲜卑装的骑马人物形象

《兰亭集序》：

映照一个历史时代的民族交融

　　"仰观宇宙之大，俯察品类之盛，所以游目骋怀，足以极视听之娱，信可乐也。"2022年10月，在国际空间站执行任务的意大利女宇航员萨曼莎·克里斯托弗雷蒂在社交媒体引用中国东晋书法家王羲之《兰亭集序》的名句，表达在太空的所见与所想，并配有从太空拍摄的中国风景照片，让不少网友赞叹不已。

　　"永和九年，岁在癸丑，暮春之初，会于会稽山阴之兰亭，修禊事也。群贤毕至，少长咸集。此地有崇山峻岭，茂林修竹，又有清流激湍，映带左右，引以为流觞曲水，列坐其次。虽无丝竹管弦之盛，一觞一咏，亦足以畅叙幽情。是日也，天朗气清，惠风和畅，仰观宇宙之大，俯察品类之盛，所以游目骋怀，足以极视听之娱，信可乐也。……后之视今，亦犹今之视昔。悲夫！故列叙时人，录其所述，虽世殊事异，所以兴怀，其致一也。后之览者，亦将有感于斯文。"《兰亭集序》全文324个字，通篇遒媚飘逸，字字精妙。

兰亭修禊

蘭亭修禊

永和九年歲在癸丑暮春之初會
于會稽山陰之蘭亭脩禊事
也羣賢畢至少長咸集此地
有崇山峻領茂林脩竹又有清流激
湍暎帶左右引以為流觴曲水
列坐其次雖無絲竹管弦之
盛一觴一詠亦足以暢敘幽情
是日也天朗氣清惠風和暢仰
觀宇宙之大俯察品類之盛
所以遊目騁懷足以極視聽之
娛信可樂也夫人之相與俯仰
一世或取諸懷抱悟言一室之內
或因寄所託放浪形骸之外雖
趣舍萬殊靜躁不同當其欣
於所遇暫得於己快然自足不
知老之將至及其所之既惓情
隨事遷感慨係之矣向之所欣
俛仰之間以為陳迹猶不
能不以之興懷況脩短隨化終
期於盡古人云死生亦大矣豈
不痛哉每攬昔人興感之由
若合一契未嘗不臨文嗟悼不
能喻之於懷固知一死生為虛
誕齊彭殤為妄作後之視今
亦由今之視昔悲夫故列
叙時人錄其所述雖世殊事
異所以興懷其致一也後之攬
者亦將有感於斯文

明代钱毂《兰亭修禊图》局部（美国纽约大都会艺术博物馆藏），卷前有王毂
祥题"兰亭修禊"，卷后有钱毂书《兰亭集序》及集诗

东晋永和九年（353），在会稽郡山阴（今浙江绍兴）兰亭举行的一场集会，有40多位名士参加。王羲之"微醉之中，振笔直遂"，书写了一幅"江南历史画卷"。1600多年来，兰亭集会与《兰亭集序》对后世的中国文人都产生了深远的影响。同时，通过《兰亭集序》，我们还能探寻到一段民族交融的历史。

⊙ 兰亭集会与《兰亭集序》

王羲之像

永和九年三月初三，会稽内史兼右军将军王羲之邀请好友，在会稽山阴兰亭进行上巳节的"修禊"（一种被除灾病的祈福活动）。众人在蜿蜒的溪边依次列坐，"流觞曲水"：上游一人将盛满酒的酒杯放至盘中，顺流而下，酒杯流至客人面前，客人即须吟诗作赋，作不出便被罚酒。当时大家所赋诗歌37首，结集为《兰亭诗集》，推举聚会主办者、德高望重的王羲之为其作序，即《兰亭集序》。

这场文人聚会和取得的成果，已然成为后世效仿的范例。南宋诗人刘克庄为纪念这一天，写成《忆秦娥·上巳》："修禊节，晋人风味终然别。终然别。当时宾主，至今清绝。等闲写就兰亭帖。岂知留与人闲说。人闲说。永和之岁，暮春之月。"

《兰亭诗集》集中体现了因魏晋玄风所形成的魏晋风度，流露出士人的生死之悲、山水之情。魏晋名士将儒、佛、玄、道融于至和，美于至臻，最终形成了清峻、通脱、华丽的诗文之"气"，以及追求以"玄"为核心的书法之"韵"。无疑，王羲之的《兰亭集序》就是魏晋风度杰出的代表作之一。魏晋时期，国家战乱频繁、社会动荡不安，却形成了中华文明史上独树一帜的魏晋风度，这实属难得。而《兰亭集序》则留住了魏晋风度的底色，赓续着中华文脉传统。

这次集会有多位东晋名士到场。根据南宋桑世昌《兰亭考》记载，此次集会参加者共42人。但南朝梁刘孝标注释《世说新语·企羡》和唐代何延之《兰亭记》说参加者为41人，因这个说法缺少人名细节，故后人多采用42人之说。此次集会上，王羲之、谢安等11人成四言诗和五言诗各一首，郗昙、虞说等15人各成一文，王献之等16人诗不成，被罚酒三巨觥。42位来自大江南北的名士在会稽山阴荟萃一堂，"群贤毕至"。南北士族文人雅集，体现了黄河文化、长江文化以及钱塘江文化的对话。

《兰亭集序》在中国文化史和书法史上都有着无法替代的地位。"文而不华，质而不野，不激不厉，温文尔雅"，王羲之以超然绝俗的天赋，为后世树立了文学和书法领域的丰碑。

自五代梁、唐后，王羲之书法成为"终古之独绝，百代之楷式"。北宋书法家黄庭坚称赞《兰亭集序》"反复观之，略无一字一笔不可人意"。明代书画家董其昌评之："右军《兰亭序》，章法为古今第一，其字皆映带而生，或小或大，随手所如，皆入法则，所以为神品也。"

元代至大三年（1310），书画家赵孟頫前往大都，途中得到《宋拓定武兰亭序》，喜出望外。"余北行三十二日，秋冬之间而多南风，船窗晴暖，时对兰亭，信可乐也。"行船一月有余，赵孟頫逐日临书并为之作跋，仅"独孤本"就有十三跋，后人称《兰亭十三跋》。"右军字势古法一变，其雄秀之气出于天然，故古今以为师法。"赵孟頫感慨不已，"右军人品甚高，故

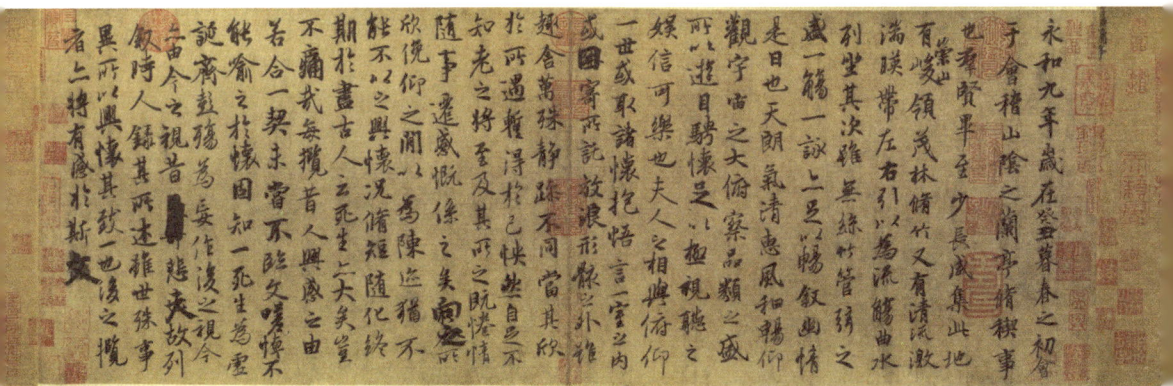

唐代冯承素摹东晋王羲之《兰亭集序》卷（故宫博物院藏）

书入神品"。作为传继"二王"（王羲之和王献之）书风的关键人物，赵孟頫道出了《兰亭集序》艺文兼备、技道互参的精髓。

《兰亭集序》是后世奉为圭臬的书法珍宝，亦为流传千古的文学名篇。清代文学家吴楚材在《古文观止》中评道："通篇着眼在死生二字。只为当时士大夫务清谈，鲜实效，一死生而齐彭殇，无经济大略，故触景兴怀，俯仰若有余病。但逸少旷达人，故虽苍凉感叹之中，自有无穷逸趣。"雅集佳序，道尽人生。文史大家周汝昌将《兰亭集序》列为中华文化的三大国宝之一（另二为《文心雕龙》《红楼梦》），认为"皆属极品，后人永难企及——更不要说超过了"。

⊙ 兰亭集会的另一重意义

东晋时期，琅琊王氏、颖川庾氏、陈郡谢氏、龙亢桓氏四大家族势力庞大，轮流掌控着东晋王朝的实际政权，是门阀制度的突出代表，四大家族几乎贯穿了整个东晋历史。有趣的是，四大家族均有代表出现在兰亭集会上。

西晋永嘉南渡后，南迁的北方人怀念家乡，希望晋廷北伐、恢复中原。永和三年，东晋权臣桓温带兵讨伐成汉并灭其国，声威大震。两年后，桓温趁北方形势变乱，上疏请求北伐。晋廷忌惮桓温功高震主，提拔扬州刺史殷浩来抑制他。永和六年，殷浩被任命为中军将军，都督扬、豫、徐、兖、青五州诸军事，主持北伐。永和八年，殷浩领兵北伐，但被前秦所败。

桓温与殷浩两大重臣长期失和，不利于东晋政权的稳定。王羲之等有识之士一直在致力于调和二人之间的矛盾，但收效甚微。《晋书·殷浩传》载："王羲之密说浩、羡，令与桓温和同，不宜内构嫌隙，浩不从。"殷浩第一次北伐失利后，执意准备第二次北伐，王羲之劝他缓一缓，不要急于与桓温争功，但殷浩不听，"恐殷侯必行"正是王羲之忧虑心情的流露。兰亭集会就发生在殷浩两次北伐的间隙。兰亭集会上，桓温之子桓伟和殷浩僚佐王彬之同时到场，或许这是王羲之的有意安排，抓住时机、调和矛盾，也许是让他们会面的目的之一。但桓、殷依旧势不两立，调解已然无效，集会之后不久，殷浩即开始第二次北伐。同年十月，殷浩率七万大军出征，不久即遭惨败。

永和九年是历史的一张切片。一幅《兰亭集序》，映照出两晋时期的历史图景：政权分立的背后，是各民族之间不曾中断的交往、交流与交融。

东晋"永和九年"砖（绍兴博物馆藏）

当时，北方和巴蜀的前凉、前燕、前秦、西秦等十六国政权征伐不已、年年混战，中原人不得不南下避祸。一场空前的大迁徙席卷中国：北方各族迁入中原，中原士族迁入南方，与以顾荣、贺循为首的南方士族之间既有斗争又有交融，最终实现了南北各族的大融合。北方先进的生产力和技术被带到江南，得到前所未有的发展，六朝烟水间金陵崛起，荆州、扬州、益州亦然。这一时期江南农业、手工业发展迅速，为日后中国经济重心的南移奠定了基础，也为以后新的统一奠定了基础。

盛于永和九年的这场千古集会，见证着南北士族的融合与江南的开发，更作为士族文化的道统，贡献于中国人的精神家园，维系着中华民族的文化认同、融合与统一：地理版图有伸缩变化，但只有"胖瘦"之分而无"器质"裂变。这些，为以后的南北地理统一埋下了伏笔。

正所谓"天下大势，分久必合"，中国历史上，既有漫长的统一时期，也有时间不短的分裂时期，但"大一统"始终是中国历朝历代的追求，这对中华民族共同体的形成发展有着深远的影响。

丝路与唐锦纱：

一段跨越时空的对话

丝绸之路上，不同民族、宗教、语言、风俗、艺术等相互碰撞、融合、创新，形成丰富多彩的文明景观。

新疆是丝绸之路的必经之地，也是东西方文化沟通交流的桥梁和纽带。新疆在唐代虽经历数次战争和变迁，但同时也见证了繁荣的文化景观，为后人留下了丰富独特的历史遗产。中国国家博物馆馆藏的两件锦纱，均出土于新疆吐鲁番阿斯塔那唐墓。

⊙ 吐鲁番阿斯塔那唐墓出土的两件锦纱

一件为墨绿地狩猎纹印花纱。图案为狩猎纹，骏马飞奔，骑士搭弓射兽，

新疆吐鲁番阿斯塔那唐墓出土的墨绿地狩猎纹印花纱
（中国国家博物馆藏）

飞鸟、花卉点缀其间，方寸之间展示了一场惊心动魄的狩猎场景。这件文物属染缬丝绸，为平织方目纱，比较疏朗。有研究认为，这件"蜡缬"染色时可能不是使用蜡溶液，而是用含有碱性物质的涂料绘出或印出花纹，并且先行染色，涂料后加，干后再浸于水中。碱性溶液溶去花纹部分的丝胶，涂料洗掉后便显出花纹。这种技法比英国发明的碱印法早了几百年，令人不得不佩服唐代纺织工匠卓越的工艺。

另一件为鸾鸟戴胜纹锦。其图案是在联珠纹样中配以鸾鸟纹，造型十分精美完整，富有装饰意趣。联珠纹是典型的波斯萨珊式纹样，即在联珠内填以适合的动植物纹样，如对鸭纹锦骑士纹锦和鸟纹锦。根据织锦的制作工艺和史籍记载，这类纹样是中原仿照波斯或粟特纹样制成的，又通过丝绸之路转销到西域各地。

新疆吐鲁番阿斯塔那唐墓出土的鸾鸟戴胜纹锦
（中国国家博物馆藏）

关于唐代丝织业的发展情况，普遍认为，唐代前期丝织业主要在中原的河南道及河北道，其次是剑南道和山南道，江南地区的江南道和淮南道产丝织品不多。唐代后期，江南地区丝织业后来居上，其次是剑南地区。联珠鸟纹锦中呈现的大小联珠圈纹应是河北道、河南道和剑南道丝织品的主要图案。从吐鲁番出土丝织品墓葬的墓志和文书纪年看，这些丝织品均为盛唐之前的产品。

⊙ 关于中国丝织品的故事

关于中国的丝织品，有许多流传甚广的故事。相传古罗马人第一次近距离欣赏丝绸应该是在凯撒大帝到罗马大剧院观看演出的时候。当众人看到身着丝质长袍的凯撒大帝时，大为震撼。自此，古罗马人完全被丝绸的魅力征服，他们称中国为"赛里斯"（拉丁文Seres），即"丝之国"，丝质服装更是成为罗马贵族妇女争相抢购的服饰。在她们眼中，丝绸已经不是一般意义上的服饰面料，而是一种身份地位的象征。此时的丝绸也被炒出高价，一度被

新疆丹丹乌里克遗址出土的唐代传丝公主画版
（大英博物馆藏）

称为"软黄金"。

由于丝绸的价高物稀和对蚕种出口的严格限制，有些人便动起了"歪脑筋"，最有名的当数"东国公主传丝"的传说。这个传说最早源于赴印度求法的唐代僧人玄奘，《大唐西域记》中也有记载。大致讲述了西域有一个叫"瞿萨旦那"的地方，对"东国"的养蚕缫丝技术极有兴趣，想要求取蚕种，却被拒绝。于是，瞿萨旦那王想出了一个办法：通过和亲，迎娶东国公主，让公主带回禁止外传的蚕种。为了逃避关卡，蚕种被秘密藏到公主的帽子里。从此以后，西域便开始生产丝绸了。

据统计，唐代前期（618～755），从中原出口到西域的商品总值约1.5亿两白银，至唐代后期（756～907）则增加到2.5亿两白银。这些商品主要有来自中原的丝绸、茶叶、瓷器、铜镜等，以及来

公元14世纪上半叶的凤凰纹织金锦，该织金锦可能产于伊利汗国（意大利威尼斯莫契尼戈宫藏）

自西方的香料、珍珠、玻璃器、皮毛等。唐朝与丝路沿线各国的商业贸易不仅促进了经济发展和利益交换，而且推动了宗教、音乐、舞蹈、绘画等文化的传播。

陆羽像：

见证茶文化在长城文化带的传播

喝茶是许多中国人的一种生活习惯。那么中国人是从什么时候开始讲究饮茶有道的呢？中国国家博物馆藏有一套 20 世纪 50 年代出土的五代时期的白瓷茶具及陆羽像，距今已有 1000 多年的历史。陆羽像背后，是茶文化从江南传播到北方长城文化带的过程。茶为中华民族注入理性，促进了中华民族在大江南北的大融合。

⊙ "白瓷茶具及陆羽像"透出哪些信息

这套白瓷茶具及陆羽像，共有 5 件，器形整体不大，陆羽像高 10 厘米，煎茶用的风炉和茶鍑通高不过 15.6 厘米，点茶用的汤瓶高 9.8 厘米。但研碾茶末的茶臼口径 12.2 厘米，盛茶渣的渣斗高 9.5 厘米，与小型的实用器尺寸相接近。经中国国家博物馆学者宋兆麟和孙机等考证，均认为这套器物出土于河北省唐县。

此外，在北京市顺义区辽代塔基出土的白瓷中，发现了一件白釉童子诵经壶，也被确认为"陆羽像"。辽宁和内蒙古也有发现类似茶具。说明在五代时期，茶文化已经在长城文化带的燕山地区传播。

风炉和茶鍑

渣斗

陆羽像

茶臼

汤瓶

五代时期的白瓷茶具及陆羽像（中国国家博物馆藏）

⊙ "陆羽"是谁

中国国家博物馆收藏的白瓷陆羽像是目前发现并经学者认可的年代较早的一件，呈现的是 27 岁左右的青年陆羽在江南时的形象。瓷像上身着交领衣，下身着裳，戴高冠，双手展卷，盘腿趺坐。其仪态端庄，面部清润，有光亮，没有那个时代成年男人常刻意保留的胡须，一如清明前绿茶树，在江南绵绵细雨中绽放着春天般的朝气。宋兆麟和孙机等学者认为，他注视的应为《茶经》。

陆羽像

《茶经》是世界的第一部茶书，成书时间大约在公元 764 年之后，全书 7000 余字，共三卷十章，行文精炼，内容丰富，从茶的起源、性状、名称、品质、种类，到采摘、制法、煮饮器具、烹茶方法、饮茶风俗习惯等，无不述及。《茶经》的问世结束了汉魏以来"煮作羹饮"的饮茶历史，开启了"饮茶有道"的时代，对茶文化的传播形成了强有力的推动。陆羽也成为中国乃至世界第一位茶学家。

浙江余姚田螺山遗址出土的新石器时代茶杯和茶根

中国人喝茶的历史到底有多悠久呢？答案远远超乎我们的想象。2001年，浙江跨湖桥遗址出土了一颗距今8000年的"茶树种子"。有学者认为这是世界上最早茶树种子。随后，在浙江田螺山遗址中发现了山茶属树根，这是我国迄今为止发现的最早的人工种植茶树的遗存。有学者认为，早在6000年前，田螺山一带的先民们就已开始"使用陶器煮茶、喝茶"。这也证明，中国发现茶树和利用茶树已有数千年历史了。

据史料记载，西汉时期已有喝茶的习惯。但茶文化的正式形成大约是在魏晋南北朝时期。《太平御览》引《世说新语》："晋司徒长史王濛好饮茶。人至，辄命饮之。士大夫皆患之，每欲往候，必云'今日有水厄'。"意思是说王濛很喜欢喝茶，但东晋时期饮茶习俗还没有那么普遍，客人们喝不惯苦涩的茶，所以把"敬茶"反当作"水厄"，真是辜负了王濛的一片好意。

唐宋时期，饮茶风尚进入了鼎盛时期。而推动这一进程的一位关键人物就是陆羽。陆羽在《茶经》说，中唐时最为流行的是煎茶法。其程序步骤大体为：焙茶、碾茶、筛茶、烧水、调茶、饮茶。唐人饮茶不叫"喝茶"，而为"吃茶"。吃茶时，要配以点心。

⊙ "白瓷茶具及陆羽像"在哪里生产的

中国较早的瓷器茶具约出现于东晋南朝时期。这时的江、浙、闽、赣等地开始生产青瓷器。浙江温州瓯窑是中国较早烧茶具的窑口之一，其产品釉色青绿泛黄，玻化程度虽较高，但胎、釉的结合却不够理想，常开冰裂纹，且出现剥釉现象。

中原出现瓷制茶具较晚些。《唐国史补》中载有"巩县陶者多为瓷偶人，号陆鸿渐，买数十茶器得一鸿渐"，陆鸿渐就是陆羽。

这套白瓷茶具及陆羽像，造型浑厚，除陆羽像部分施黑彩外，皆为一色白釉，胎土很细，胎和釉的白度都相当高，唯釉汁凝存处微泛青色，腹下部及底部一般不施釉。从工艺上看它们具有邢窑白瓷的特征，茶臼与河北内丘邢窑遗址出土的研磨器相似，渣斗则与武汉黄寨五代墓出土者相似。

⊙ 谁在使用"白瓷茶具及陆羽像"

五代时期，辽朝直接控制长城带的燕山地区，今天的河北省唐县和北京市顺义区均在其控制范围。契丹族是发源于我国东北地区的游牧民族，早期主要在今西拉木伦河附近游牧；随着其不断发展壮大，907年，耶律阿保机统一契丹各部成为可汗；916年，耶律阿保机建立契丹国，后契丹改国号为辽。人们习惯上将契丹916年建立政权至1125年为女真所灭统称为辽。

这套白瓷茶具及陆羽像在制作时，应是有意将大件器物缩小以与小型器物约略取齐。它们不应是实用器，但也不是明器，而应是一套供贵族玩赏的模型。同时，这组茶具中风炉与茶瓶等组合共存，反映了辽代时的使用特征。

因此，"白瓷茶具及陆羽像"使用者应为辽国契丹贵族。

⊙ 贵族为何选择"白瓷茶具及陆羽像"

茶文化是辽契丹从中原地区吸收借鉴的饮食文化之一。隋唐大运河后，茶文化开始北传，过长城，到达东北地区，直接影响了契丹族，促进了契丹文化的多元性，推动着契丹社会生活逐渐由满足生理需求向追求身心享受的高品质生活发展。河北宣化辽墓中发现的壁画《备茶图》就描绘了一幅辽人备茶的场景，画面中有女仆2名、男童2名、男仆1名，均衣着契丹服饰，五人共同备茶，分工明确，反映了契丹对中原茶文化的吸收借鉴。

由于契丹统治者大多信奉并大力推崇佛教，佛教文化在契丹地区广泛传播与发展，佛教信徒礼佛中也常有饮茶情景出现。

此外，契丹贵族饮茶也加速了茶文化在长城文化带的传播。

河北宣化辽墓壁画《备茶图》

⊙ "陆羽像"为何会出现在燕山脚下

这涉及茶文化传播。唐后期黄河流域出现了较多的陆羽像，个头均不大，便于随身携带。这件陆羽像出现在燕山地区，存在着掠夺或朝贡的可能，也说明辽时长城文化带存在一定意义上的"文化虹吸"现象。

呼伦贝尔草原自古以来就是长城沿线最好的草原之一，历史学家翦伯赞认为，很多的游牧民族都是在呼伦贝尔草原打扮好了，或者说装备好了，然后才走出家门。这里一直是游牧民族的历史摇篮，鲜卑人、契丹人、女真人、蒙古人都是在这个摇篮里长大的，又都在这里度过了他们历史上的青春时代。

德裔学者 K.A. 魏特夫（Karl August Wittfogel）于 20 世纪前半期提出

呼伦贝尔草原

了"征服王朝论"。他在与中国学者冯家昇合著的《中国社会史：辽（907—1125）》一书的导言中认为：中国古代诸北族王朝按其统治民族进入内地的不同方式，可划分为两类。一类为"渗透王朝"，以十六国、北魏为代表；另一类为"征服王朝"，辽、金、元、清均属其列。北族王朝与汉地的文化关系，绝不仅是简单的同化，而是双向性质的涵化。具体而言，"征服王朝"较倾向于武力，而"渗透王朝"较倾向于吸收。

无论"渗透"还是"征服"，契丹人控制幽云地区后，开始自称"中国"，以华夏为正统。辽朝的《鲜演大师墓碑》就有"大辽中国"的说法。1009年，《大契丹国夫人萧氏墓志》称萧氏丈夫耶律污斡里的祖先为轩辕黄帝八世孙虞舜后裔。1095年，《永清公主墓志》同样记有辽人为"轩辕黄帝之后"。而《辽史·世表》记载则有所不同，认定"辽之先，出自炎帝。" 这是对"中国"身份的认同。

辽和宋的澶渊之盟，以物质换取和平。南方农耕政权在维持与北方游牧政权的朝贡关系时，以厚往薄来为原则，表面上看并不在乎经济利益，实际上是为了保护农耕民族更大的经济利益。事实上，澶渊之盟后，宋、辽之间的茶叶贸易更加繁荣。

民族矛盾斗争，不论谁胜谁负，都是一场灾难、一场悲剧。如果游牧民族过不了长城带，融不进黄河流域，就只能由东向西迁移、漂泊。公元前3

世纪以后，出现在史籍上的北方游牧族群迁徙也主要是从东向西。大月氏、匈奴、嚈哒、柔然、突厥、回鹘、契丹莫不是如此。文化在选择，文明也在选择，博弈过程就是选择的过程。长城不是中原王朝的边界，但见证了历史选择。

⊙ "陆羽像"与草原丝绸有何关系

草原丝绸之路指的是蒙古草原地带沟通欧亚大陆的商贸通道，是丝绸之路的重要组成部分。主要路线由中原地区向北越过古阴山（今大青山）、燕山一带长城沿线，再向西北穿越蒙古高原、中西亚北部，直达地中海欧洲地区。辽王朝通过控制草原丝路，在一定程度上垄断了中原与西亚乃至欧洲的贸易，同时也促进了文化交流和民族融合。

就这样，茶文化最终发展成为56个民族的茶文化，成为中华民族代表性精神标识，世界文明大花园里也多了中国茶的味道。2023年9月，中国"普洱景迈山古茶林文化景观"被列入《世界遗产名录》，是全世界首个茶文化世界遗产。可以说，茶的发现和利用，是中华民族为世界文明所做的一项巨大的贡献。中国茶文化以茶为载体来传播各种文化，彰显了中华文明突出的连续性、创新性、统一性、包容性、和平性。

天圣铜人：
世界最早的医用人体模型

◉ 源远流长的针灸医术

扁鹊像

　　据《史记·扁鹊仓公列传》记载，春秋时期，神医扁鹊路过虢国，刚巧虢国太子死了。扁鹊听说太子是在鸡鸣时辰突然昏厥不省人事的，就问中庶子收殓了没有。中庶子说："没有，他死去还不到半天。"扁鹊对他说："你去禀报国君，我能使太子活过来。"中庶子听了，惊得目瞪口呆，马上把这个情况禀报给国君。扁鹊经过诊断，确定太子患有"尸厥"之症，就拿出几根针在太子身上刺了几下。不一会儿，太子就醒过来了。之后，扁鹊又配合药物熨帖和汤药，仅仅 20 天，太子便恢复了健康。

这种用针刺治疗疾病的神奇方法就是针灸。针灸包括两种治疗方法：针法和灸法。针法古称"砭刺"，是利用不同针具刺激人体穴位，激发经络之气，使身体恢复健康。灸法是采用艾绒等对穴位进行烧灼或熏熨，并通过这种温热刺激来调节身体机能，防治疾病。针法和灸法经常配合使用，人们统称为针灸。

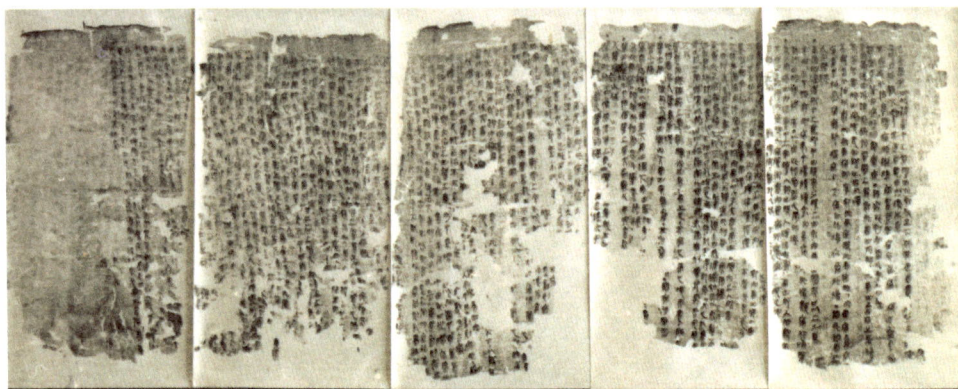

1973 年在湖南长沙马王堆三号汉墓出土的汉代《帛书·经脉》的一部分，它记载有针灸学中的手足经脉的循行分布等内容

一般认为，我国针灸出现的时间在新石器时代，但其渊源可以上溯至旧石器时代。当时的人们已经会用有锐利尖端和锋面的石器对身体进行刺、割，或利用边缘圆钝的片状石器来按压痛处或破开痈肿，后来为使用方便，制作出骨针、陶针。商周时期，有了冶炼铜器的方法，于是又出现了青铜针。随着针灸术的发展，所用的针出现了 9 种不同的形制，被称为"九针"。我国最早的医学典籍《黄

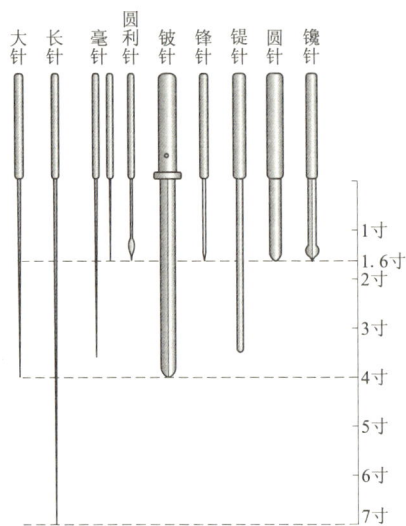

九针图

帝内经》在《灵枢·九针十二原》中对九针的形制与功能作了详尽描述。九针是中医早期针灸和外科医疗工具规范及定型的重要标志。

仿古九针模型（中国中医科学院针灸研究所藏）

⊙ 铸造针灸铜人

在春秋战国时期，我国古代医学家就已经发现人体经络系统，并逐渐创立独特的针灸疗法。魏晋南北朝时期，针灸学开始迅速发展，出现了第一本针灸学方面的专著《针灸甲乙经》。到了北宋时期，针灸已经成为医学教育的主要科目之一。不过，当时流传的针灸医书经过多年传抄，腧穴和经络出现很多错误，大夫们凭借经验和对医书的理解给病人看病下针，致使全国出现大量误诊病例。宋仁宗赵祯意识到，必须制定一个新的针灸经穴的标准，才能杜绝误诊。于是，他在天圣元年（1023）下了一道圣旨，命令翰林医官院重新整理流传下来的针灸医学书籍，并要求"创铸铜人为式"。医官院将任务交给精通针灸的太医王惟一。经过 3 年潜心研究，王惟一撰写出 3 卷《铜人腧穴针灸图经》，又于天圣五年十月铸成两尊一模一样的针灸铜人，后世称为"天圣针灸铜人"。《铜人腧穴针灸图经》一书增加了"新铸"两个字，成为《新铸铜人腧穴针灸图经》。

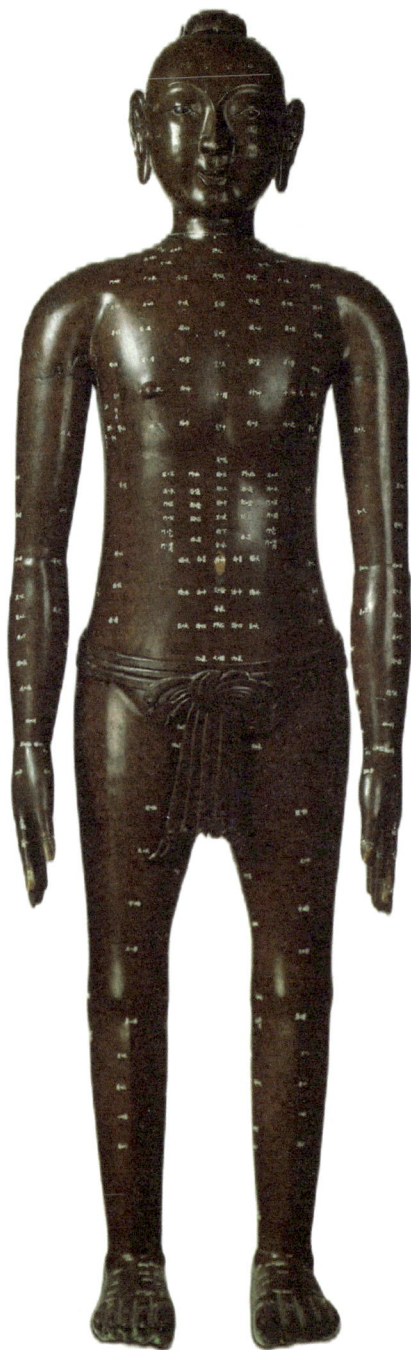

明正统八年仿照"宋天圣针灸铜人"
铸造的针灸铜人（中国国家博物馆藏）

天圣针灸铜人由青铜铸成，身高与青年男子相仿，双足并立作站立姿势。头部有发及发冠，上身裸露，下身着短裤。左手手背朝前，拇指与中指指尖相触，构成圆圈；右手手掌朝前，手臂侧曲。铜人体表分12个部分，在各个部位设有特制的榫头，拆卸起来非常方便。铜人表面用黑色漆描绘出全身经脉，上面分布有657个穴位，旁边用错金技法标出名称。每个经穴都与体腔内凿穿的小孔相通。在铜人体腔内安放着用木头雕刻的五脏六腑和骨骼，这些脏腑器官被雕刻得栩栩如生、细致入微，是非常好的解剖医学模型，比西方的解剖医学早了近800年。

针灸铜人除供学医者练习之外，更重要的是用于医官技能考试。考官在考试前将铜人体内灌入水银（或水），外面涂上黄蜡，把铜人体表的经脉穴位全部密封起来，让参试者无法辨识，只能凭借经验下针。如果没有扎准穴位，针会被挡在铜人体外；如果扎到穴位，体内的水银就会流出，出现"针入汞出"的奇观。

这个神奇的现象是如何产生的呢？是因为铜人是双层的，夹层中可以注入水银（或水）。铜人分为上下两截，中间的腰带处有拼接的缝隙，发髻中间藏着注水银（或水）的小孔。铜人的密封性很好，可以保证里面的水银（或水）在很长时间内不会枯竭。

　　天圣针灸铜人是世界上最早的针灸用铜人模型，也是医学史上的重要创举。作为考试道具，它前后使用了近百年。铜人铸成后，受到仁宗的珍视，成为北宋国宝。一尊放在医官院，用于学医者实习针灸穴位，熟悉人体构造；另一尊置于汴京（今河南省开封市）大相国寺仁济殿，供人参观，宣传医学知识。为了使《新铸铜人腧穴针灸图经》永存于世，宋朝将图经刻于石碑之上，与铜人一起放于仁济殿中。靖康元年（1126），宋钦宗被迫到金营求和时，金人提出的必不可少的条件之一，就是献出铜人。

1971 年在北京明代城墙中发现的北宋《新铸铜人腧穴针灸图经》刻石（中国国家博物馆藏）

　　北宋灭亡后，两尊铜人相继流落民间。一尊不知下落，另一尊辗转流入襄阳，被京湖制置使赵方之子赵葵得到，献给了宋高宗赵构。若干年后，铜人被蒙古人以纳贡名义索要过去。景定元年（1260），元世祖忽必烈特召尼泊尔工匠修复铜人，四年后又将天圣针灸铜人和《新铸铜人腧穴针灸图经》石碑由汴京移置元大都（今北京）三皇庙神机堂内，供人观赏。

明初，天圣针灸铜人和《新铸铜人腧穴针灸图经》石碑仍放在三皇庙内。明英宗正统八年（1443），铜人穴位已"昏暗而难辨"，《新铸铜人腧穴针灸图经》也已"漫灭而不完"。于是，英宗下旨重新铸造了一尊针灸铜人，存于太医院所属药王庙内。"正统针灸铜人"高1.88米，全身共有穴位666个，没有经脉路线，穴位上有孔眼，可以刺入。铜人全身结构简单，是一个固定、完整的人体，四肢和头部均不能拆卸。同时，英宗还命人仿制宋《新铸铜人腧穴针灸图经》石刻，定名为《铜人腧穴针灸图经》。不久，英宗为抵御瓦剌进犯，加固京城城墙，将存放在三皇庙内的宋刻《新铸铜人腧穴针灸图经》石碑劈毁，当作砖石砌入墙内。中华人民共和国成立后，在拆除明代北京城墙的施工中，曾发现五方宋天圣《新铸铜人腧穴针灸图经》残石。

明正统、嘉靖两朝都曾铸造铜人，供医者练习针灸使用，天圣针灸铜人被束之高阁。明末战乱不断，天圣针灸铜人从此下落不明。正统针灸铜人是我国目前能找到的最早的针灸铜人。

清代雍正、乾隆两朝都铸造过小型的针灸铜人。乾隆七年（1742），清政府刊行由太医院院判吴谦等人编纂的大型综合性医学丛书《医宗金鉴》。乾隆皇帝特命工匠铸造一批针灸铜人，嘉奖所有编纂人员。铜人是一位妇人形象，身高46厘米，体表有经络与穴位，全身有穴位580个。这批铜人流传至今仅剩一尊，现藏于上海中医药博物馆针灸推拿专题馆。

⊙ 铸造针灸铜人

2017年1月18日，国家主席习近平访问位于瑞士日内瓦的世界卫生组织并会见总干事陈冯富珍时，将一尊用青铜仿制的针灸铜人雕塑作为国礼赠送给世界卫生组织。这尊铜人高1.8米，全身标注有559个穴位，其中107

个穴位是一名二穴，共计 666 个针灸点，可以说是天圣针灸铜人的原型传承。

中国的针灸医术很早就传到了国外。早在南北朝时期，苏州一位名叫知聪的人就携带有关针灸的书到日本，将针灸介绍到邻邦。17 世纪，针灸又传到法国等欧洲国家。1972 年 2 月，美国总统尼克松访问中国后，针灸医学又被介绍到美洲，一些国家出现了学习和应用针灸疗法治病的热潮。近几十年来，日本和法国也成为向世界其他国家传播针灸医学的主要国家。今天，越来越多的外国医务工作者来到中国学习针灸。

中国的针灸学历经数千年不断发展，形成了既有系统理论、又有丰富经验的针灸疗法。其适应病症以神经内科、骨伤科为主，可治疗偏瘫、颈椎病、脑血管病、

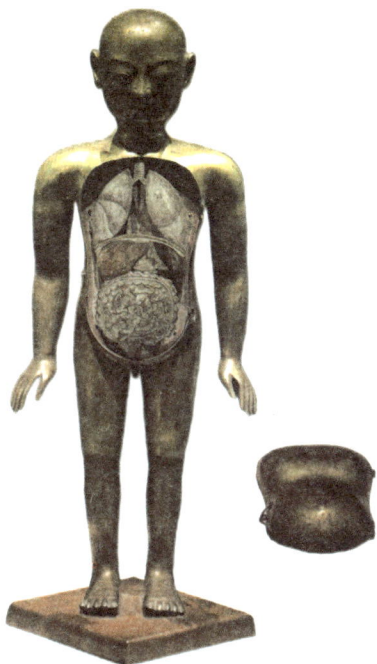

中华民国时期制作的铜人
（中国中医科学院针灸研究所藏）

肩痛、头痛、坐骨神经痛等病症，加之没有副作用，深受人们欢迎。从明清时期开始，为了更好地传承针灸医术，太医院和民间医局铸造了各种式样的铜人，供学医者实践。除前述的正统铜人、嘉靖铜人外，还有雍正铜人、乾隆铜人等，样式上则有青年男子、小孩和妇女。人们对针灸铜人的兴趣历经千年而不减，据统计，1987 年后，我国已成功复制数具具有宋代针灸铜人功能的针灸铜人。针灸铜人作为中华医学文化的象征之一，正在向全世界展示中国独特的医术，述说着针灸的传奇。

《资治通鉴》：

映照千年中华文脉

在中国国家图书馆，藏有一份被誉为"镇馆之宝"的文物——北宋司马光《资治通鉴》现存唯一一张手迹原本，洵为珍贵。这份司马光亲笔书写的草稿虽然只有29行、465个字，却记载了东晋永昌元年（322）一整年的史事。手稿呈现了东晋初年政权割据的历史图景，背后则是中华民族对于天下一统的不倦追求。

⊙ "硕果仅存"，呈现东晋初年历史图景

《资治通鉴》是我国第一部编年体通史，由司马光主持编撰，"历十九年始成"，全书294卷、300多万字，具有极高的文献与史料价值。这部鸿篇巨制自问世以来，历代帝王将相、鸿儒骚客莫不争相传阅。

史载，《资治通鉴》成书前的草稿可谓汗牛充栋。南宋高似孙在《纬略》中记载了司马光的《与宋敏求书》，信中称"到洛八年，始了晋、宋、梁、齐、陈、隋六代。唐文字尤多，依年月编次为草卷，以四丈为一卷，计不减六七百卷"。南宋史学家李焘《巽岩集》亦称张新甫见洛阳有《资治通鉴》草稿"盈两屋"。可惜的是，"靖康之难"导致宋王室储藏的大量图书、仪仗、冠服、礼器、珍宝等物品损坏和佚失。《宋史·艺文志》载："迨夫靖康之难，而宣和、馆阁之储，荡然靡遗。"遭此劫难，曾经"盈两屋"的《资治通鉴》手稿也近乎无存。历尽沧桑，唯有其一"硕果仅存"，即现藏于中国国家图书馆的这份珍贵手稿。

司马光像

《资治通鉴》手稿横 130 厘米，纵 33.8 厘米。每段史事写开端数字至十数字不等，以下接"云云"二字，证明此为一份提纲性质的草稿。虽然只是一份草稿，涂改处也颇多，但字字端正，毫不马虎。

元代著名画家、儒士朱德润作跋称："此稿标题晋永昌元年事。是年王敦还镇，元帝崩，此江左立国之一变也，故公不得不手书之……"朱氏认为此稿是司马光亲笔，而非当时参与撰写《资治通鉴》的刘攽、刘恕、范祖禹等协修人员所写。

朱德润所记"此江左立国之一变也"即王敦之乱，又称王敦之叛，是东晋初年发生的一场动乱。最终王敦以失败告终，王敦亦在战事期间病逝。《资治通鉴·卷九十二》载，永昌元年春正月，"郭璞复上疏，请因皇孙生，下赦令，帝从之。……王敦以璞为记室参军。璞善卜筮，知敦必为乱，己预其祸，甚忧之。……"《资治通鉴》手稿记述的正是东晋永昌元年王敦作乱的历史，这份手稿文字极其精炼，篇幅不足成书的十分之一，距离成书尚有一段时间。

永昌元年是历史的一张切片。在司马光的笔下，一份《资治通鉴》手稿描述了一个特殊时代的历史图景。永昌元年是历史的一张切片。在司马光的笔下，一份《资治通鉴》手稿描述了一个特殊时代的历史图景。

。書曰吾至 。從二月從趙王勒立。萬圍徐龕

○趙主曜自將擊楊難敵 ■破之進 疾難敵請耕

藩曜引兵還曜以難敵上大 安求見不得安怒

獲■亮欲用之又以寔長史曾馮為參軍二人不從安

。殺之曜聞 為也○帝徵 帥諸宗 ■軍以周

三射帝遣王廙 頭以甘 至攻石頭周札

開門納之帝命 顗等三道出 紹聞之

欲自出戰中 衛帝脫戎 見帝之執 禍

隗奔後趙協 迎走至江乘為人所殺帝令

永昌元年春正月乙卯改元。王敦既舉其將作亂謂

長史謝鯤曰……戊辰……稱巨軋……退沈充……

乙亥詔親帥六軍以誅大逆敦兄……遣使告梁

侯正當……討之卓不從使人……死矣然得……史問討

小悝……曰部……奉英討敦於是……說甘卓共討敦參

軍李梁說卓曰昔……福將軍但……代之雍謂梁曰審

離於天下未寧之時故得以文服天子非今比也使大

將……辛且……逆說卓曰王代……乃露……討廣州

119

⊙ "幅纸三绝"，119方钤印背后的千年追崇

颇有意思的是，司马光存世的这份手稿，最后一段竟然写在好友、北宋大臣范纯仁写给司马光和哥哥司马旦的信札空白处。可以清楚地看到，在稿本末尾，有四行字被墨笔涂抹，这四行字便是范纯仁信札的内容。手稿的卷尾还有惊喜。在这里，司马光手书了一封"谢人惠物状"，即收礼后回复答谢的一种文书。宋太宗八世孙赵汝述在此稿后作跋称："温公起《通鉴》，草于范忠宣公尺牍，其末又'谢人惠物状'草也。幅纸之间三绝具焉，诚可宝哉。"一纸之间，集中了司马光手稿、范纯仁书札、司马光"谢人惠物状"，堪称"幅纸三绝"，至为难得。正因为"幅纸三绝"的宝贵，历代藏家盖在这份手卷上的藏印达119方，其中乾隆、嘉庆、宣统三位清代皇帝的钤印也揭示了手稿曾入藏清代内府的收藏遗迹。千年追崇的背后，是中华民族对优秀历史文化深沉的爱。

自南宋始，此手稿进入公私收藏视野。稿卷曾入藏南宋内府：南宋大臣任希夷在稿上留跋称，观此稿于"玉堂夜直"。玉堂，即皇宫；夜直，指夜里在禁林值班。《宋史》载，"高宗移跸临安（今浙江杭州），乃建秘书省于国史院之右，搜记遗阙，屡优献书之赏，于是四方之藏，稍稍复出，而馆阁编辑，日益以富矣"，"至宁宗时续书目，又得一万四千九百四十三卷"。"靖康之难"后，南宋政府多方搜集，重新形成数万卷的国家藏书。可见，司马光的诸多《通鉴》手稿或于战乱中遗失，仅此残卷保留下来，入藏南宋内府。南宋葛洪、程珌、赵崇龢三人通观此稿，并合跋。此三人均为南宋大臣，同观《资治通鉴》手稿，或表明终南宋之世，此卷都还在临安宫中，为皇家之物。

元初，此稿流入民间。元代教育家柳贯于此稿有跋，并在其《待制集》中著录了该跋文，但内容比稿后跋文多出一句"余姚徐氏藏司马文正公即范忠宣手帖修通鉴稿一纸"。由此可知，元至顺（1330～1333）年间，此稿藏于余姚（今浙江宁波）徐氏处。与柳贯齐名的黄溍于至正元年（1341）书跋于稿卷后，黄溍与余姚徐氏有亲缘关系，此时黄溍也正在江浙任职，故该稿当时应仍在宁波一带。后又有元人宇文公谅、郑元祐等作跋或题诗。

　　从明代开始，收藏者皆只钤印、不作跋。据稿上印鉴，明初，此稿由袁琪、袁忠彻父子递藏。后被嘉兴鉴藏家王济收藏。明嘉靖（1522～1566）年间，稿卷收于无锡大收藏家安国之手。安国之后，此稿被明代著名鉴藏家项子京收藏，项氏在该稿卷上钤了近70方印记，其珍爱程度不言而喻。

　　明清交替，此稿卷进入清初著名藏书家梁清标秘箧。清乾隆（1736～1795）年间，稿卷被征入清廷内府，藏于御书房。乾隆帝御题签"司马光通鉴稿内府鉴定真迹"，钤"乾隆宸翰"一玺。清代的《石渠宝笈》卷二十九对稿卷有著录并将其评为"上等，辰一"，钤有"石渠宝笈"藏印。此稿卷后一直为清代历代皇帝鉴赏。

　　清末，《资治通鉴》手稿随溥仪出宫。伪满洲国建立后，溥仪将此稿卷存放于伪满皇宫东院的缉熙楼同德殿内保存。1945年8月15日，日本投降，溥仪仓皇出逃，伪宫失守，典籍书画遭劫，此稿卷辗转落入富商谭敬手中，后从香港卖出，归入中国国家图书馆。

　　《资治通鉴》手稿具有多维度的重要价值：作为一份出自著名史学家、文学家司马光之手，流传千年的北宋书稿，其文物价值和历史价值显而易见；作为一份历史名人的墨迹，手稿有着珍贵的书法艺术价值。而与手稿紧密相关的《资治通鉴》，更是中华民族"镜鉴"历史的有力见证和生动阐释。手稿历经千年沧桑、流传有绪，见证了家国遭受的苦难和中华民族重归兴盛，更见证了中华文脉流传千年，薪火赓续、生生不息。

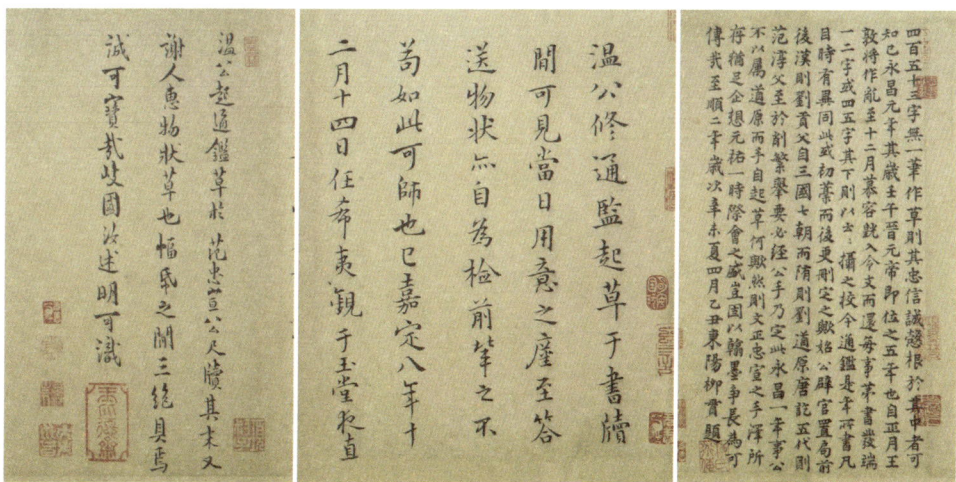

《资治通鉴》手稿后的跋，从左至右依次为赵汝述跋、任希夷跋、柳贯跋

天真烂漫赤子心：
中华文化中的人间小精灵

⊙ **赤子之心真且淳**

公元前 372 年出生的读书人孟轲曾阐述一个道理：要成为伟大、有德行的君子，就必须常怀"赤子之心"。什么是赤子之心？就是如刚刚出生的婴儿般纯洁无邪的心。

孟轲并不是第一个向往和追求赤子之心的人。老子在《道德经》中也阐述过同样的想法。老子认为，初生的婴儿天生具有质朴之心，本身就是一种美德。只有固守常德的君子，才能保持婴儿般的纯真状态。鼓盆而歌的庄子更是盛赞童子是"与天为徒"的"真人"。

不仅修身，明代思想家李贽认为，写文章也应具备赤子之心，即"童心"。他认为"童心"就是真心，失掉了"童心"，就失掉了真心。文学创作必须真实坦率地表达作者的内心情感，使文章去伪存真。如此，在众人的阐发下，孩童的纯真无邪成为最令读书人羡慕和向往的状态。常怀赤子之心，追求童真、童趣，成为读书人的自觉追求。

⊙ 天真烂漫一孩童

令大人羡慕的孩童，天真烂漫、千姿百态，以各种生动活泼的形象出现在文学和绘画作品中。

引发"洛阳纸贵"轰动现象的大文学家左思用一首《娇女诗》记录了令自己"头大"的一双"漏风小棉袄"。小女儿左媛喜欢学着大人化妆，天一亮就抄起眉笔仔细打扮。一顿操作过后，眉毛画得像扫把扫过，双唇色泽浓艳，看得老父亲大跌眼镜、哭笑不得。大女儿左芳则是个镜子迷。一照镜子就沉醉其中，好像被施了魔法，总是忘记应该干的织布分内事。姐妹俩有空就去园子里摘果掐花，因为喜爱美食，常混迹于厨房，衣服袖子沾满油渍，白衣也被烟雾熏黑，难以清洗。左思在诗中描述二女种种天真顽劣趣事，却也展露了幼女的纯真天性和身为父亲对女儿的疼爱。

当然，文学作品中的孩童形象并非都是天真淘气的样子。《世说新语·政事》描写过一批"小大人"，平均年龄10岁，"甚聪慧""善应对"，他们的名字提起来如雷贯耳，包括陈方元、谢道韫、孔融、王戎、何晏等。这样一批模范儿童，不仅有专书记载，还被收录在专属于成人世界的《政事》里，展示出他们小小的年纪却有大大的能量。

山东临沂金雀山九号汉墓
出土帛画线描图局部

目前我国发现最早的绘有儿童形象的绘画实物出现在山东临沂金雀山九号汉墓出土的帛画中。在帛画的第四层中，一位妇人在纺车边从事纺织工作。车旁坐着一个孩童，顽皮地伸出手想要拨弄纺车。由此可以看出儿童形象虽已出现，但还没有成为绘画的主角。

河南南阳东汉许阿瞿墓出土的许阿瞿墓志铭画像石则主角光环十足。许阿瞿小朋友年仅5岁，于建宁三年（170）不幸早夭。家人悲痛之余，将阿瞿日常嬉戏的开心时刻记录在画像石上，希望他永远纯真、快乐。画面分上、下两栏，上栏中左起的榻上，阿瞿小朋友头梳总角发型，衣冠整齐，端坐的姿态沉稳而高贵，身后有一仆从为他扇风纳凉。他的面前，是3位身着肚兜的小跟班儿在玩玩具。下栏是家里请来为阿瞿表演的百戏班子。第一位表演的是飞剑跳丸，只见艺人一手拿着长剑，一手飞速抛接着小球。第二位表演的是踏盘鼓舞，只见一位美人手挥衣袖，跳跃穿梭于盘鼓之间。右边两位是伴奏团，一位鼓瑟，一位吹箫。如此精彩的表演，可以想象出阿瞿观看时露出的开心笑容。

河南南阳东汉许阿瞿墓出土的许阿瞿墓志铭画像石拓片
（南阳市汉画馆藏）

到了唐代，画家对儿童形象的刻画已非常准确。1972年，新疆维吾尔自治区吐鲁番市阿斯塔那唐代西州张氏家族墓出土的《弈棋仕女图》绢画上，两名胖乎乎的儿童身着彩色条纹背带裤，在草地上嬉戏，神情憨态可掬。

新疆吐鲁番阿斯塔那唐代西州张氏家族墓出土的
《弈棋仕女图》局部（新疆维吾尔自治区博物馆藏）

宋代苏焯《端阳戏婴图》
（台北故宫博物院藏）

到了宋代，士人行事越持重，就越发向往童真、追求童趣，使得以儿童为绘画对象的婴戏图发展到高峰，出现了苏汉臣、苏焯、陈宗训、刘松年、李嵩等一大批专门的婴戏画家，形成宋代婴戏图独特的艺术风格。在苏焯的《端阳戏婴图》中，一名穿着红色肚兜的捣蛋鬼正拿着一只被古人认为是"五毒之一"的癞蛤蟆吓唬同伴，胆小的黑衣男童害怕地连忙用手捂住头蹲在地上，右边一位孩童见状急忙上前解救小伙伴。孩子的顽皮、友爱、互助，跃然纸上。

⊙ 竹马鸠车欢乐多

有孩童的地方就有玩具。李白有诗云："郎骑竹马来，绕床弄青梅。"这里的竹马是一种玩具，最早记载于《后汉书》。西晋博物学家张华在《博物志》中说："小儿五岁曰鸠车之戏，七岁曰竹马之戏。"足见鸠车和竹马是两件非常流行的玩具。鸠车前有小孔可穿绳，孩童拉动穿绳的鸠车玩耍。许阿瞿小朋友的3位小跟班中，就有一位拉着鸠车跑动，一位执鞭赶鸠。

河南南阳东汉宗康墓出土的铜鸠车
（河南博物院藏）

除了鸠车和竹马，古代孩童的玩具有很多，可以分为声响玩具、泥塑玩具、节令玩具、益智玩具等。距今约5000年的湖北屈家岭遗址出土的陶响球是最早的声响玩具。到了宋代，还形成了颇具规模的玩具市场。据《东京梦华录》记载，每到七夕乞巧节，"潘楼街东宋门外瓦子、州西梁门外瓦子、北门外、南朱雀门外街及马行街内"，都会卖一种叫"磨喝乐"的泥娃娃，深得小朋友的喜爱。

宋代白釉红彩磨喝乐坐像（开封大学大观艺术博物馆藏）

　　除了去市场购买节令玩具，沿街卖货的货郎也深受孩子们的喜爱。货郎挑着货担或推着独轮车走街串巷，货担中层层叠叠，装满了琳琅满目的玩具、糖果，简直就是孩子们的天堂。

　　宋代画家李嵩的《市担婴戏图》中，货郎担着 6 层货担共 300 件小物，各式玩具应有尽有。可辨识者有小鸟、鸟笼、拨浪鼓、小竹篓、香包、不倒翁、泥人、小炉灶、小壶、小罐、小瓶、小碗、六角风车、雉鸡翎、小鼓、纸旗、小花篮、竹笛、竹箫、铃铛、八卦盘、六环刀、竹蛇、面具、小灯笼、鸟形风筝、瓦片风筝、小竹椅、长柄棒槌、单柄小瓶等。孩童蜂拥而来，已有心急的孩子在货担旁翻找着自己心爱的玩具。

宋代李嵩《市担婴戏图》局部（故宫博物院藏）

宋代画家苏汉臣的《货郎图》中，货郎和助手推着独轮车进入庭院，还未停稳，就迅速被早已等候的孩童们围住。孩子们为了心爱的玩具互不相让。还有的小朋友激动得把鞋子都跑掉了，直观表现了货郎到来时孩子们的欢呼雀跃。

宋代苏汉臣《货郎图》（台北故宫博物院藏）

光阴易逝，但童心可常在。梁启超先生说，做人有几分孩子气是很好的。他昵称儿子梁思礼作"老白鼻"，风趣的父亲将英语"baby"一词音译过来，变成属于儿子特别的回忆。